L'ART
DE LA THÈSE

Michel Beaud
Daniel Latouche

L'ART
DE LA THÈSE

Boréal

Maquette de la couverture: Gianni Caccia
Illustration: Daniel Sylvestre

Ce livre est une adaptation de l'ouvrage de
Michel Beaud, *L'art de la thèse. Comment
préparer et rédiger une thèse de doctorat, un
mémoire de D.E.A. ou de maîtrise ou tout autre
travail universitaire,* © 1985, Éditions La Découverte

© Les Éditions du Boréal
Dépôt légal: 1ᵉʳ trimestre 1988
Bibliothèque nationale du Québec

Données de catalogage avant publication (Canada)

Beaud, Michel. L'art de la thèse
ISBN 2-899052-217-2
I. Thèses et écrits académiques.
I. Latouche, Daniel, 1945-   . II. Titre.
LB2369.B42   1988   808'.02   C88-096152-X

AVANT-PROPOS

Ce livre est le fruit d'une collaboration franco-québécoise plutôt inhabituelle. La version française de *L'art de la thèse* est sur les rayons depuis 1985 alors que je ne disposais que d'un document ronéotypé dont j'imposais la lecture à des étudiants «enthousiastes». Plutôt que de transformer ce document en un deuxième *Art de la thèse*, j'ai cru bon, et surtout plus rapide, de suivre le canevas développé par Michel Beaud et d'y incorporer des chapitres supplémentaires.

Les chapitres 4, 5, 6, 7, 8 et 9 du présent ouvrage sont tirés presque *verbatim* de la version française de *L'art de la thèse*. Comme on pourra le constater, ils traitent de ce qui constitue l'essentiel de toute thèse soit la collecte et l'organisation de l'information. Quelques ajustements mineurs ont été apportés afin que les exemples collent plus étroitement à la réalité québécoise et pour tenir compte de certaines particularités de la situation universitaire nord-américaine. Par exemple, il n'existe pas au Québec de répertoire central de thèses où il faut enregistrer le sujet de son travail avant même d'être habilité à rédiger. Les chapitres 1, 13, 14 et 15 sont nouveaux et les chapitres 2, 3, 10, 11 et 12 reprennent avec une approche différente les principaux thèmes de l'édition française.

Ce qui nous amène à la délicate question des différences entre la rédaction d'une thèse en France et au Québec.

En cherchant bien, on pourrait sans doute découvrir des différences importantes entre les diplômes français et québécois. Un Ph.D. québécois n'est pas strictement parlant l'équivalent d'un doctorat de troisième cycle. Il ne correspond pas non plus tout à fait à l'ancien doctorat d'État. Il se situe quelque part entre les deux, encore que les variations à l'intérieur de chacune de ces catégories sont telles que les comparaisons deviennent impossibles.

Attend-on davantage d'une thèse de maîtrise en France qu'au Québec? On serait tenté de conclure que la thèse de maîtrise québécoise est généralement plus «travaillée» que le mémoire de maîtrise français, mais légèrement moins que le mémoire qui doit être fait pour le DEA. Mais encore une fois la question n'a de sens que si on dispose d'une échelle valide permettant des comparaisons. De plus les exigences varient tellement d'une université québécoise à une autre qu'il est difficile de généraliser. Ce sera bientôt le cas en France.

Il existe bon nombre de différences entre les habitudes françaises de travailler et celles qui ont cours au Québec. Les relations avec les professeurs sont très différentes. Dans la mesure du possible, cette version québécoise en tient compte. Est-ce parce que notre tradition universitaire est plus récente, mais il m'a semblé que l'approche française est plus structurée, moins éparpillée et plus attachée à respecter toutes les étapes d'une démarche que l'on veut extrêmement articulée. C'est qu'il existe en France une longue tradition de la dissertation avec sa démarche en trois temps, thèse, anti-thèse et synthèse. On peut certes en rire, mais l'effet est fou-droyant pour ce qui est de la discipline intellectuelle qu'elle impose.

L'improvisation et la spontanéité correspondent davan-tage à la façon de faire québécoise. Certains voudront y voir un trait collectif fort sympathique. Il serait plus juste d'a-vouer que cette approche relax n'est ni une qualité ni un défaut, mais la simple résultante d'une pratique du travail intellectuel qui a peut-être grandi trop vite.

Mais une thèse est une thèse. Des deux côtés de l'Atlan-tique, elle constitue une étape extrêmement importante dans la formation de l'étudiant. Ce n'est pas seulement un rite de passage, un exercice de style auquel il faut se soumettre. C'est aussi un chapitre de sa formation qu'il importe de fermer, et de bien fermer, si on veut prétendre accéder à autre chose. On peut apprendre énormément en rédigeant une thèse, et pas seulement sur l'art de survivre à sa thèse. Pourquoi ne pas en profiter?

Dans ce livre nous parlerons indifféremment de thèse de maîtrise et de thèse de doctorat en signalant au besoin les différences entre les deux types d'ouvrage. Pour simplifier le vocabulaire nous ne parlerons pas de «mémoire».

Même s'il n'a pas l'envergure d'une thèse, le travail de semestre s'inspire des mêmes principes et de la même pratique. Ce guide pourra donc être utilisé par les étudiants de premier cycle, même ceux qui n'ont pas du tout l'intention d'écrire une thèse.

Les exemples et la démarche générale du livre collent davantage à la réalité des études en sciences sociales, lettres, humanités et psychologie. L'expérimentation en biologie et en physique a ses propres exigences. Les équations et les formules doivent suivre des règles strictes de présentation typographique. Mais l'esprit, croyons-nous, demeure le même qu'il s'agisse d'économie ou de chimie, de relations industrielles ou de lettres espagnoles.

Ce livre n'a d'autre ambition que de vous aider dans cette démarche. Il ne se lit pas comme un roman et il est probable que vous voudrez sauter des chapitres. Nous n'en serons pas offusqués.

1

FAIRE OU NE PAS FAIRE DE THÈSE

Écrire n'est plus à la mode. Régulièrement, on nous annonce une nouvelle technologie qui rendra caduque l'idée même d'aligner des mots sur une feuille de papier. Les appareils de traitement de texte sont déjà un pas important sur cette voie. Bientôt, quelque appareil très ingénieux sera en mesure de transformer en texte écrit ce qu'on aura dicté à haute voix. Même les accords du participe passé seront «traités» automatiquement.

Et puis, avons-nous vraiment encore besoin de tout mettre par écrit? N'est-ce pas une perte de temps? «Moi, monsieur, je n'écris pas, j'agis.» D'ailleurs, on écrit trop, c'est bien connu. Nous sombrons sous la paperasse, nos forêts sont malades de notre folie du papier.

∞ L'air du temps

Dans le domaine scolaire, la dissertation a été la première à disparaître. Au Québec, on a pensé à tort qu'elle appartenait en exclusivité à l'univers disparu des collèges classiques. Et lorsqu'on a aboli les collèges — avec raison, on ne le dira jamais assez —, la dissertation a foutu le camp avec le latin, saint Thomas et les retraites fermées. Dommage (pour la dissertation)! En France, où on est plus prudent avec les vieux meubles, la dissertation est encore d'usage. On ne semble pas s'en porter plus mal.

Aujourd'hui, qui oserait demander vingt-cinq pages pour le travail de semestre, sans craindre pour sa vie? Pourtant, avec un peu d'organisation tout étudiant universitaire moyen devrait y arriver sans peine. La preuve: des tas d'étudiants médiocres y réussissaient au temps des collèges classiques.

Quant aux thèses, comme phénomène passé de mode, on peut difficilement trouver mieux. Les professeurs nostalgiques (surtout s'ils sont allés à l'école de la Révolution tranquille), aiment se plaindre du peu de sérieux que les étudiants mettent à rédiger leur thèse. Quant aux étudiants, ils sont convaincus que les rues de Montréal regorgent de chauffeurs de taxi le doctorat en poche et leur thèse dans la boîte à gants. Inutile de dire que l'idée d'une thèse ne les enthousiasme guère. À quoi bon bosser pendant deux ans sur un sujet et acquérir une compétence qui ne sera d'aucune utilité par la suite? Qui a jamais entendu parler d'un employeur qui aurait exigé de lire une thèse avant d'offrir un emploi?

Rapidement professeurs et étudiants s'entendent pour accorder de moins en moins d'importance à la thèse, surtout qu'il arrive qu'on doive la recommencer ou la faire recommencer. Cela empoisonne les relations humaines, cela brise les week-ends, cela empêche de réfléchir sur son vécu. Dans bon nombre de départements universitaires, on l'a très bien compris. La thèse de maîtrise y est de plus en plus remplacée par quelques cours supplémentaires, un stage ou un examen général. Ni vu ni connu. Pour plus de certitude, on n'hésite pas à faire la preuve que le stage prépare mieux au marché du travail.

C'est devenu une manie dans nos universités de «faire pratique». Sous prétexte de mieux articuler la formation des étudiants aux exigences du marché du travail et d'accélérer l'obtention du diplôme, on élimine toutes les étapes quelque peu encombrantes sur lesquelles certains étudiants risquent de trébucher. On se donne ainsi à peu de frais l'illusion d'une formation adaptée. Certes, on convient en privé que c'est une erreur, mais ce n'est assurément pas la première dont les étudiants sont les victimes toutes désignées et consentantes. Après tout, on n'a jamais rencontré un professeur pénalisé parce que l'un de ses étudiants n'avait pas complété sa thèse.

Pourtant, ces mêmes étudiants devraient être les premiers à s'aviser que si effectivement l'écrit est une espèce en voie de disparition, la maîtrise de l'écriture risque, elle, de devenir une compétence rare et recherchée. C'est déjà le cas. Il suffit de siéger sur des comités de sélection, tant dans le secteur public que dans l'entreprise, pour mesurer toute l'importance que l'on accorde à la capacité d'écrire. C'est souvent la seule qualité qui distingue des candidats dont les profils se ressemblent de plus en plus. On n'exigera peut-être pas de lire votre thèse, mais on aime savoir que vous avez été capable d'en rédiger une. On peut toujours s'en tirer lors d'un examen oral; il suffit de parler de tout et surtout de rien. Mais l'écrit, c'est comme la guillotine. Tranchant!

Il importe de bien saisir toute la différence entre la parole et l'écrit. Le texte écrit est seul et inchangeable. Rien ne permet à son auteur de le sauver. S'il échoue, tout échoue avec lui. On ne peut rien lui pardonner et les excuses ne servent à rien. Ce n'est pas seulement parce qu'ils demeurent que les écrits sont compromettants, mais parce qu'ils sont là, offerts à l'appréciation de tous. Il est fréquent d'entendre les étudiants avouer qu'ils ont recommencé trois fois, qu'ils y ont mis un effort incroyable, qu'ils ont fait face à des problèmes existentiels énormes avant d'accoucher de ces quelques pages. Malheureusement, tout cela ne change rien au texte qui est là. Son histoire et sa gestation n'en modifient pas le contenu. Il est sans appel. C'est lui qui a toujours le dernier mot. Voilà pourquoi écrire sera toujours un risque.

La parole, elle, se consomme sur place. On lui pardonne plus facilement. «Les mots ont dépassé ma pensée», entend-on souvent dire. On peut toujours rétracter des paroles malheureuses. Le texte écrit n'a pas cette chance. Une fois publié, il a une vie qui lui est propre. On ne saurait l'arrêter. Pas question non plus de dire à chaque lecteur comment l'approcher. Alors mieux vaut y penser avant de passer à la phrase suivante. Le texte écrit suggère toujours une réécriture. Parfois, il l'exige. Et c'est là que réside tout le problème. On peut toujours polir davantage un texte. Reste à savoir quand s'arrêter.

Écrire laisse peu de place à l'improvisation, c'est peut-être ce qui explique qu'au Québec l'écriture se porte si mal. Nous avons de la difficulté avec tout ce qui est permanent et original. Ce genre de rigueur et de perfectionnisme ne nous sied guère. Selon Jacques Godbout, les Québécois seraient les champions mondiaux de l'improvisation et de l'imitation. Nous en faisons même la marque de commerce de notre dynamisme culturel. Alors faut-il se surprendre si nous avons tant de difficulté à écrire?

On devrait se méfier comme de la peste de ceux qui s'excusent, ou même se vantent, de mieux s'exprimer verbalement que par écrit. «S'il faut que je le mette sur papier, je perds tous mes moyens.» Ce sont des analphabètes de l'esprit. On peut parler sans avoir réfléchi. Et comment! Mais écrire sans réfléchir? Nombreux sont ceux qui devraient se contenter d'écrire, ou de qui on devrait exiger un texte écrit avant de leur permettre d'ouvrir la bouche.Pour s'en convaincre, il suffit de parcourir le compte rendu des débats de l'Assemblée nationale. Voilà ce que cela donne lorsque des gens, dont on peut croire qu'ils ne sont pas idiots, pensent à voix haute!

Et s'il n'y avait que les difficultés de l'écriture et les fautes d'orthographe! Non, le mal est plus profond. Aujourd'hui, il est de bon ton d'accuser les intellectuels de toutes les trahisons. On les accuse même d'être trop silencieux. La chose fait peut-être sourire, mais derrière ces escarmouches se profile un règlement de compte plus global. Tout ce qui pense est devenu suspect. Et l'on se demande ensuite pourquoi le Québec a encore l'un des plus faibles taux de diplomation de deuxième et de troisième cycle du Canada.

DIAGNOSTIC PRÉLIMINAIRE

- Voyez-vous votre avenir professionnel, dans l'enseignement supérieur ou la recherche?   Oui   Non

- Êtes-vous capable de «faire le point» sur un sujet en un temps donné?   Oui   Non

- Pouvez-vous, après un minimum de travail, écrire 3 pages «qui se tiennent» sur un sujet donné?   Oui   Non

- Êtes-vous capable de mettre de l'ordre dans vos idées?   Oui   Non

- Êtes-vous capable d'organiser votre documentation et de vous y retrouver?   Oui   Non

- Pouvez-vous vous imposer une discipline de travail sur plusieurs mois?   Oui   Non

- Avez-vous suffisamment de volonté et de ténacité pour surmonter une succession de difficultés et de contrariétés?   Oui   Non

- Avez-vous déjà rédigé un travail satisfaisant de plusieurs dizaines de pages?   Oui   Non

- Êtes-vous très motivé pour faire une thèse?   Oui   Non

Si vous avez 8 ou 9 «oui», vous pouvez vous lancer dans l'aventure, dans le long travail de thèse.

Si vous avez seulement 4 «oui», ou moins, autant renoncer tout de suite; mieux vaut faire autre chose.

Entre 5 et 7 «oui», c'est encore l'expérience concrète, sur un mémoire d'une centaine de pages, qui sera le meilleur test.

Encore devez-vous vous demander s'il est vraiment nécessaire, pour votre avenir personnel et professionnel, de faire une thèse.

Non qu'on manque de volontaires pour entreprendre des études avancées, mais on prend plaisir à leur rappeler que leurs efforts risquent d'être inutiles. D'ailleurs, leurs diplômes ne veulent rien dire, leurs professeurs sont paresseux et incompétents, l'université québécoise est un repaire de parvenus, ils devront se recycler dès leur sortie de l'université, les universités québécoises sont pauvres, ils n'ont pas choisi la bonne branche, les industries n'ont pas besoin de «pelleteux de nuages», c'est au cégep que leur avenir s'est joué et il est trop tard, etc.

C'est ce qu'on appelle *l'air du temps* et aujourd'hui il constitue le principal obstacle à la poursuite d'études avancées, surtout dans ces secteurs mous que sont la sociologie, l'histoire de l'art, l'anthropologie ou l'éducation.

Si vous voulez terminer votre thèse à tout prix, alors mieux vaut ne pas lire les journaux. Vous risquez de sombrer dans la déprime. Dites-vous bien, et répétez-vous à satiété, qu'écrire une thèse n'a jamais été une entreprise de tout repos. Vous connaîtrez le découragement, la lassitude, la colère et le vide. Inévitablement vous serez tenté de tout laisser tomber en vous disant que l'année prochaine...

∽ Questions stratégiques

Il y a ceux qui ont leur sujet, leur méthode et leur conclusion choisis dès le premier jour de leurs études supérieures. Ils sont passionnés et rien ne les fera changer d'idée. On les reconnaît facilement à cette habitude qu'ils ont de considérer leur directeur[1] comme une personne-ressource dont le rôle se limite à confirmer la justesse de leurs vues. Et puis, il y a les autres, ceux qui attendent que l'inspiration les saisisse et qui voudraient bien qu'on les aide à trouver un sujet. Si vous appartenez à l'un ou à l'autre groupe, vous risquez d'avoir

---

1. L'utilisation du masculin n'a d'autre objectif que d'éviter les directeurs-trices, auteurs-res, étudiants-tes, professeurs-res, chercheurs-res, qui alourdissent le texte.

des ennuis. Peut-être arriverez-vous à terminer quand même votre thèse, mais vous n'aurez probablement pas grand plaisir à la faire.

On commence souvent trop tôt ou trop tard à réfléchir à sa thèse de maîtrise ou de doctorat. Et ce n'est habituellement qu'au troisième chapitre qu'on découvre qu'il aurait été fort utile de se donner une stratégie *avant* de commencer la recherche.

Cela ne veut pas dire qu'on doive, dès l'inscription en maîtrise, choisir les cours en fonction de la thèse. Ce serait une catastrophe. Car, il faut le dire, les cours et les séminaires qu'on choisit n'auront qu'un impact mineur sur l'aisance avec laquelle on passera à travers l'épreuve de la thèse. (Cela est moins vrai dans le cas de disciplines telles la psychologie, la physique ou la chimie où les thèses de maîtrise se réduisent souvent à une ou à plusieurs expériences conduites sous la direction d'un professeur et dont le contenu doit être intégré étroitement dans les travaux de recherche de ce dernier.) Un conseil: faites-vous plaisir et choisissez (dans la mesure où les exigences administratives du département vous le permettront) les cours qui vous attirent le plus et qui vous apporteront le plus de satisfaction intellectuelle. À force de tout vouloir rationaliser et comptabiliser, vous risquez de vous compliquer la vie inutilement. Il n'y a pas de parcours universitaire parfait. Certes, il n'est pas interdit de penser à sa carrière et aux exigences du marché du travail. Mais ce qui comptera au sortir des études supérieures, ce n'est pas le nombre ou la nature des cours qu'on aura suivis, mais la capacité de mener à bien un travail de recherche, que ce soit faire le tour d'une question en trois pages ou rédiger un rapport de trois cents pages.

À ce stade-ci, l'élément central de votre réflexion doit être de vous assurer que vous avez en main les atouts pour mener l'œuvre à bon port. Le moment est bien choisi de vous poser la question: est-ce que je veux *vraiment* rédiger une thèse? Ou, ce qui revient au même: suis-je à la *bonne* place? Il est encore temps de changer d'idée et d'opter pour un programme qui n'exige pas de thèse ou pour une autre carrière. Si vous n'en êtes pas assuré, les chances sont énormes pour que vous ne terminiez jamais. De grâce, ne vous inscrivez pas en maîtrise ou en doctorat en attendant d'avoir mieux à faire. Par le passé, il n'était pas déshonorant de ne pas avoir complété sa thèse. Rares même étaient ceux qui y arrivaient. Les choses ne sont déjà plus les mêmes. À une époque où on recherche la performance et l'excellence, vous risquez de vous voir affligé d'une tare insurmontable si vous commencez vos études supérieures et abandonnez avant la fin. Les excuses traditionnelles, par exemple «J'ai préféré acquérir une expérience concrète», ne vous seront plus d'aucune utilité, car le nombre de vos collègues qui n'auront pas besoin de cette excuse va aller en augmentant.

Alors pensez-y bien. Une thèse, c'est plusieurs centaines d'heures d'un travail qui vous apparaîtra souvent bien désincarné. Avez-vous le temps d'y arriver? Ne vous leurrez pas. Bien que les programmes officiels laissent entendre qu'il est possible de compléter sa scolarité et sa thèse de maîtrise en quinze mois, il vous faut être réaliste et prévoir y consacrer deux ans. Quant à la thèse de doctorat il faut prévoir deux ans de travail à temps plein. Disposez-vous de ressources financières suffisantes pour «survivre» pendant cette période? Oubliez tout de suite l'idée que vous allez rédiger votre thèse au cours de vos soirées et week-ends. À un moment ou l'autre, vous aurez besoin de quelques mois de travail ininterrompu.

Votre situation personnelle vous permet-elle de consacrer toutes vos énergies à la poursuite de vos recherches? Devrez-vous déménager dans six mois? Votre cellule familiale va-t-elle bientôt s'agrandir? Vous seul pouvez répondre à ces questions et en tirer les conséquences. Si vous êtes incapable de vous poser ces questions préalables, il est peu probable que vous arriviez à vous poser les bonnes questions scientifiques et à organiser par la suite votre matériel de recherche pour en faire une thèse.

VOS CHANCES STATISTIQUES

Il n'existe pas de données précises sur le pourcentage de réussite à la maîtrise et au doctorat. Ces études se répartissent sur plusieurs années et il n'est pas rare qu'un étudiant obtienne finalement son diplôme après six ou sept années et en ayant changé de champ et même d'université.

Les universités américaines ont la réputation de bien encadrer leurs étudiants et d'avoir des taux de réussite extrêmement élevés. Pourtant David Sternberg (*How to Complete and Survive a Doctoral Dissertation*, New York, St. Martin's Press, 1981), après des calculs très prudents, estime que ce pourcentage n'est que de 42% avec les variations suivantes:

Communications,		Psychologie	63%
journalisme	32%	Sciences sociales	50%
Éducation	42%	Langues	46%
Lettres	48%	Bibliothéconomie	9%

Au Québec, ce pourcentage est inférieur d'au moins 25% de sorte que vos chances statistiques d'obtenir votre diplôme ne dépassent vraisemblablement pas 25%. Un sur quatre!

Sachez, en tout cas, que la majorité de ceux qui entreprennent des thèses ne les terminent jamais. Au Québec, c'est devenu une véritable épidémie. Ce n'est pourtant pas la bonne volonté qui manque. Par ailleurs, ceux qui abandonnent ont toujours de très bonnes raisons de le faire. N'allez pas faire l'erreur de croire que ce sont des imbéciles, des paresseux et que la même chose ne pourra jamais vous arriver.

Dans 80% des cas, ceux qui décident de ne pas terminer leur thèse ne le feront pas par désespoir mais parce qu'ils n'en verront pas l'utilité. Ils se seront trouvé un emploi. Dans les années soixante et soixante-dix, il était fréquent de rencontrer d'anciens étudiants qui, après quelques mois sur le marché du travail, s'étaient déjà déniché un emploi plus rémunérateur que celui de leur directeur de thèse. Pouvait-on alors les sermonner sur le caractère indispensable de la thèse de maîtrise? Ces temps ont bien changé, mais l'attrait d'un emploi demeure encore le plus grand obstacle.

Il n'est pas impossible de terminer sa thèse de maîtrise en occupant en même temps un emploi à temps plein. Mais il vous faudra une bonne dose d'héroïsme pour y arriver. Un peu de folie ne nuit pas non plus. Les étudiants qui écrivent leur thèse à coups de week-ends et de soirs, cela n'existe que dans les romans. N'y songez pas. Par contre, ce qui est possible c'est d'entreprendre le travail de recherche dès les dernières semaines de sa scolarité, y travailler intensivement pendant l'été, rédiger une première version pendant l'année qui suit, et terminer l'été suivant. Mais vos chances d'y arriver sont à peu près de une sur trois. Autant vous le dire tout de suite.

Elles sont nulles ou presque si vous ne pouvez pas compter sur au moins un mois pendant lequel votre thèse de maîtrise sera votre seule préoccupation. C'est tout ce que cela prend, mais ce mois sera sans doute la période la plus difficile à dénicher. Il vous faudra probablement sacrifier complètement vos vacances — complètement, et pas seulement les jours de pluie —, ou encore prendre un mois de vacances à vos frais. Ceux qui utilisent cette formule terminent habituellement rapidement. C'est fou ce que le fait de payer de sa poche pour rédiger sa thèse accroît l'efficacité. Alors, faites des plans immédiatement. Ne pensez pas que les choses vont s'arranger et que vous pourrez trouver du temps. Si vous y songez, même un instant, vous êtes foutu.

Un mot sur les thèses en équipe. Il y a quelques années, il était fréquent de diriger des thèses de maîtrise rédigées par deux étudiants. Aujourd'hui, à l'ère de l'individualisme, la démarche a perdu de sa popularité (au doctorat l'individualisme a toujours été de rigueur). C'est tant mieux. Quelle meilleure façon de perdre un ami... ou un amant. Évidemment, l'idée d'une thèse en groupe peut sembler attirante: moins de travail, spécialisation, etc. Ne vous y fiez pas. Vous risquez de multiplier par deux le temps de travail requis car il faudra vous coordonner, discuter chaque paragraphe et

QUELQUES GUIDES...

Dassonville, Michel, *Initiation à la recherche littéraire*, Québec, Presses de l'Université Laval, 1961.

Goulet, Liliane et Ginette Lépine, *Cahier de méthodologie. Guide pour l'étudiant*, Montréal, Service de pédagogie universitaire, UQAM, 1986.

Lussier, G., *La rédaction des publications scientifiques*, Sillery, Presses de l'Université du Québec, 1987.

Lacharité, N., *Introduction à la méthodologie de la pensée écrite*, Sillery, Presses de l'Université du Québec, 1987.

Allen, George R., *The Graduate Student's Guide to Theses and Dissertations: A Practical Manual for Writing and Research*, San Francisco, Jossey-Bass, 1973.

Ballou, Stephen V., *A Model for Theses and Research Papers*, Boston, Houghton Mifflin, 1970.

Davis, Gordon Bitter et Clyde A. Parker, *Writing the Doctoral Dissertation: a Systematic Approach*, Woodbury (N.Y.), Barron's Educational Series, 1979.

Sugden, Virginia M., *The Graduate Thesis: The Complete Guide to Planning and Preparation*, New York, Pitman, 1973.

Turabian, K.L., *A Manual for Writers of Term Papers, Theses and Dissertations*, 4ᵉ éd., Berkeley, University of California Press, 1973.

Et plus particulièrement:

Sternberg, David, *How to complete and Survive a Doctoral Dissertation*, New York, St. Martin's Press, 1981.

Becker, H.S., *Writing for Social Scientists. How to Start and Finish your Thesis, Book, or Article*, Chicago, University of Chicago Press, 1986 (avec, en prime, de merveilleux dessins de C. Bretécher).

vous entendre sur le style. Ne croyez pas non plus qu'une thèse à deux démontrera hors de tout doute votre capacité de travailler en équipe. Vous ne pourrez jamais éviter que le doute ne s'installe dans l'esprit d'un employeur éventuel: «Et si c'était *l'autre* qui avait tout fait?»

2
CHOISIR UN DIRECTEUR

Doit-on commencer par choisir son sujet ou par se trouver un directeur? Comme c'est souvent le cas, la réponse ne saurait être que «cela dépend».

Pour une thèse de maîtrise, on soumet habituellement à un responsable potentiel l'idée de ce que l'on aimerait faire. N'oubliez pas que pour ce dernier vous n'êtes qu'un étudiant parmi d'autres qui l'abordent avec la même demande. Pour le doctorat, où le contact avec le directeur est primordial, il vous faudra porter plus d'attention à son choix.

Les conflits de personnalité sont rares en maîtrise, le jeu n'en valant pas la chandelle. Ils ne sont pas inconnus au doctorat où leurs conséquences sont plus lourdes. Il est toujours désagréable de voir son directeur «démissionner» en cours de projet, et de devoir s'en trouver un autre. Si, dans la majorité des cas, la faute en est à la personnalité ou au manque de disponibilité du professeur, ce n'est pas ainsi que les choses seront perçues. On se méfiera de vous. D'autre part, il faut éviter de tomber dans la paranoïa comme cet étudiant qui avouait un jour que les choses allaient si mal avec son premier directeur qu'il s'était vu «obligé» d'enregistrer secrètement toutes leurs conversations. Inutile de dire que les entretiens avec son deuxième directeur demeurèrent toujours des plus formels!

∾ Les critères

Qui choisir? Souvent la question ne se pose pas. En raison de votre sujet, de vos habitudes de travail ou des congés sabbatiques, il n'y aura qu'une seule personne qui puisse vous diriger. Si tel n'est pas le cas, vous devez vous poser la question: «Ce directeur m'aidera-t-il à terminer dans des délais acceptables la thèse que je veux faire?» Il ne faut pas oublier que c'est de votre thèse qu'il s'agit. Vous n'en faites pas une pour faire plaisir à votre directeur ou pour satisfaire ses exigences. Par ailleurs, la grande qualité d'une thèse est d'être, un jour, terminée, déposée et oubliée. Vous devrez toujours tenter de concilier ces deux exigences.

À la maîtrise, il n'y a pas d'objection, bien au contraire, à ce que votre travail s'inscrive dans le cadre d'un projet de recherche du directeur. Il se peut même que vous ayez la chance d'être engagé comme assistant de recherche. Vous êtes alors payé pour écrire votre thèse. Profitez-en, cela ne se reproduira plus! Cependant, prenez la précaution de bien préciser le travail que vous avez à faire et la façon dont le tout pourra être transformé en thèse. Dans un tel cas, il est indispensable que votre «employeur» soit aussi votre directeur et qu'il ne vous abandonne pas à mi-chemin. N'hésitez pas à vous informer sur sa performance passée. Ses anciens assistants de recherche sont-ils toujours assistants de recherche cinq ans plus tard ou ont-ils effectivement terminé leur thèse?

Au doctorat, la situation est plus simple. Du fait de son importance, la thèse de doctorat s'inscrit habituellement assez mal dans les travaux du directeur. Vous n'avez donc pas à craindre de voir vos travaux «utilisés» par ce dernier. Il se peut par contre qu'il prenne l'habitude de faire de vous un «jeune collègue» dont il n'arrive plus à se passer.

N'hésitez pas non plus à aborder l'épineuse question de l'utilisation de votre travail. Si vous faites partie d'une équipe rémunérée, votre directeur a évidemment le droit d'utiliser les résultats de votre recherche pour ses propres publications.

S'il n'utilise que la matière brute ou peu traitée (résumés de lectures, données statistiques, tableaux), il n'a pas besoin de votre «permission». S'il est honnête, il ne manquera pas de reconnaître votre contribution.

Par contre, si vous transformez considérablement la matière première que vous avez accumulée, si votre travail implique la formulation et la vérification d'hypothèses, ou l'élaboration d'un cadre théorique, il serait normal que votre signature apparaisse officiellement, du moins comme co-auteur.

Encore une fois, il faut éviter de sombrer dans la paranoïa. Le plagiat et l'exploitation éhontés ne sont pas aussi fréquents qu'on se plaît à le raconter. Le cas de ces «patrons» de laboratoire qui terrorisent et subjuguent tous ceux qui travaillent dans leur entourage tient davantage de la légende que de la réalité. Et puis, tant mieux si on vous vole quelques idées, c'est au moins la preuve qu'elles sont bonnes.

Dans les sciences humaines et toutes les disciplines qui n'exigent pas un appareillage scientifique coûteux, on devrait se méfier des thèses de doctorat qui n'ont d'existence que dans le cadre d'un projet de recherche. Il s'agit évidemment d'un règle qui souffre bon nombre d'exceptions. Le fait de travailler dans une équipe, d'être encadré quotidiennement et de fonctionner avec des échéances offre des avantages qui dans bien des cas compensent largement les difficultés du travail en équipe. Vous vous sentirez aussi moins isolé et plus poussé à avancer.

La disponibilité de votre directeur est un critère de sélection important. S'il vous faut deux mois pour obtenir un rendez-vous et qu'il exige un mois pour lire un chapitre, alors changez de directeur. Mais ne croyez pas non plus que la simple disponibilité physique soit une condition nécessaire et suffisante. Être assis à son bureau toute la semaine ne veut pas dire que l'on soit disponible. C'est la qualité de l'échange entre l'étudiant et le directeur qui est au cœur d'une relation fructueuse. Votre directeur doit être capable d'écouter, ce qui signifie à la fois qu'il connaît ce dont vous lui parlez et qu'il peut s'inscrire à l'intérieur de votre problématique. Rien de pire qu'un professeur brillant en classe, mais qui continue sa leçon dans son bureau.

Disponibilité ne veut pas dire non plus que le directeur accepte religieusement tout ce que vous lui racontez, ou qu'il s'offre pour récrire votre thèse. Il doit être à la fois vigilant et souple. Vigilant pour pouvoir saisir en plein vol toutes les possibilités et les dangers que votre projet recèle. Rédiger une thèse, c'est prendre des centaines de petites décisions avec lesquelles il faut vivre par la suite. Il suffit de quelques mauvais aiguillages au début pour que vous vous retrouviez en pleine catastrophe. S'il réussit à vous éviter les grosses erreurs, il aura pleinement mérité des dieux.

Mais vous voulez aussi quelqu'un qui vous aide à pousser votre réflexion et vous permette de surmonter les nombreux blocages qui ne manqueront pas de survenir. Il doit donc être assez souple pour accepter que votre thèse ne corresponde jamais à l'idéal qu'il peut se faire de la communication scientifique. Il doit savoir quand s'arrêter et se satisfaire du travail accompli.

Évitez à tout prix le directeur perfectionniste qui transférera sur vous le fantasme de tous les articles merveilleux qu'il aurait pu écrire.

Si la chose est possible, choisissez un directeur dont la feuille de route est bien garnie et diversifiée. Si vous avez la chance de tomber sur quelqu'un qui a déjà été directeur d'une revue scientifique, ne le laissez pas filer. Il a probablement une riche expérience de l'écriture académique.

Pensez aussi aux luttes intestines qui affligent tous les départements. Ces luttes prennent parfois l'allure de véritables guerres civiles. Le plus souvent, le conflit remonte à d'anciennes batailles idéologiques, transformées par la suite en conflits de personnalité. Ce sont les pires. La moitié du département ne parle plus à l'autre, mais personne ne sait pourquoi au juste. Dans de tels cas, il faut naviguer à vue. Sauf si vous êtes prêt à mourir pour les convictions d'un autre, évitez de vous faire enrôler dans ces batailles.

Et surtout méfiez-vous. Il est toujours flatteur de se faire prendre en confidence par son directeur de thèse, ou par tout membre du corps professoral. On se sent important et de plus on est automatiquement au courant des derniers ragots. Certes ce genre de familiarité avec la politique universitaire peut rendre la vie plus intéressante. Mais, ce n'est pas ce bavardage qui va vous aider à rédiger votre thèse. Et si les choses s'enveniment, c'est vous qui en paierez le prix. Donc si vous soupçonnez un seul instant que votre directeur veut se servir de vous pour régler de vieux comptes avec un collègue, allez voir ailleurs. S'il le faut, prenez un directeur en dehors du département. Toutes les raisons pour ce geste sont bonnes: il est le meilleur spécialiste, vous le connaissez déjà, etc.

Écrire une thèse, c'est vivre dans l'angoisse permanente de ne pas savoir où l'on s'en va. Comment s'y prendre pour organiser toute cette information? Quand faut-il mettre un point final? Comment relier la théorie à la vérification? C'est la responsabilité du directeur de vous donner le coup de pouce nécessaire pour vous forcer à prendre chacune de ces décisions. C'est sa seule raison d'être.

⌦ Jurys et comités

C'est l'étudiant qui a la responsabilité de choisir son directeur de thèse. Il n'a malheureusement pas un mot à dire, ou si peu, dans la constitution du jury qui sera appelé à évaluer son travail. Contrairement au reste de l'Amérique du Nord, le Québec continue de suivre sur ce point la tradition européenne.

Dans le cas d'une thèse de maîtrise la procédure est relativement simple. Lorsque le directeur de thèse est satisfait du produit que l'étudiant lui a remis, il soumet à la faculté une liste de noms. Sauf à l'université McGill, il est rare que l'on choisisse des examinateurs extérieurs à l'université. Dans certains cas la liste ne comprend que des professeurs du département. Même s'il peut être consulté informellement par son directeur, l'étudiant ne participe pas officiellement à cette sélection. On lui reconnaît cependant le droit de demander que telle ou telle personne soit exclue du jury. Il lui faudra cependant d'excellentes raisons. Une opposition idéologique ou une incompatibilité de caractère ne seront pas considérées comme des raisons suffisantes. Habituellement, le nom des examinateurs n'est pas transmis à l'étudiant. Même le directeur de thèse est censé en ignorer l'identité. Mais dans le petit monde universitaire québécois, tout se sait rapidement.

La procédure est sensiblement la même pour ce qui est de la thèse de doctorat, à ceci près que l'un des examinateurs est toujours choisi à l'extérieur de l'université et qu'il s'ajoute une étape supplémentaire, la soutenance. Dans le cas d'une thèse de maîtrise, les examinateurs se contentent d'un rapport écrit qu'ils transmettent directement à la faculté des études supérieures. C'est le bureau des thèses de la faculté qui se charge de faire parvenir au directeur les commentaires des évaluateurs. C'est à lui qu'il appartient de décider des corrections que l'étudiant devra apporter avant de déposer officiellement sa thèse. Ce sont habituellement des corrections mineures relatives au style et à l'orthographe.

Afin d'éviter les mauvaises surprises, l'université Laval a prévu une étape additionnelle, celle de la prélecture (obligatoire au doctorat, facultative en maîtrise). Avant de donner l'autorisation de réaliser la copie définitive de la thèse pour l'évaluation finale par le jury, on la fait lire par un professeur de l'université qui y va de ses commentaires. Éventuellement, ce professeur se retrouvera sur le jury. C'est la faculté des études supérieures qui nomme ce prélecteur et, une fois son rapport soumis à l'étudiant, il appartient à ce dernier et à son directeur de thèse de s'entendre sur la suite du processus. Faut-il apporter des corrections au texte ou procéder immédiatement à l'étape de la soumission officielle?

Dans les autres universités, c'est le directeur de thèse qui agit comme prélecteur. Il faut son accord écrit pour que la faculté entreprenne les démarches subséquentes d'évaluation. Dans le cas d'un désaccord sérieux entre le directeur de thèse et l'étudiant, ce dernier peut demander à la faculté de passer outre au refus de son directeur. Mais ce sont là des circonstances exceptionnelles qu'on devrait éviter à tout prix.

En ce qui concerne le comité de thèse de doctorat, les choses sont plus sérieuses. Bon nombre de départements québécois ont déjà adopté la pratique américaine de mettre sur pied un comité de thèse pour chaque étudiant autorisé à entreprendre la rédaction. Ceux qui sont passés par le monde universitaire américain se souviennent toute leur vie de leur Dissertation Committee dont la composition exigeait souvent des manœuvres délicates.

Ordinairement, on demande à l'étudiant de se donner un tel comité dès qu'il a terminé ses examens de synthèse. Pour ce faire, il n'a d'autre choix que de rencontrer les membres du département susceptibles d'être intéressés par son projet et leur demander de siéger sur son comité. Son directeur de thèse fait évidemment partie du comité et il pourra consulter l'étudiant sur la composition de celui-ci. C'est habituellement au doyen de la faculté des études supérieures que revient la décision finale (non au directeur du département), mais le plus souvent ce ne sont là que des formalités.

Faut-il préciser que l'étudiant doit accorder la plus grande importance à son comité de doctorat. Il faut éviter à tout prix que les membres du comité règlent leurs conflits personnels sur son dos. Si des membres se font une idée totalement différente de ce qu'est une thèse de doctorat, celle-ci n'est pas près d'être terminée. Il n'existe pas de règles précises pour vous guider dans la composition de votre comité. Encore une fois, une certaine dose de bon sens et de réflexion stratégique devrait suffire.

Mais l'utilité de ce comité de thèse n'est pas uniquement

29

de vous aider à compléter votre recherche. Une fois votre diplôme (enfin) obtenu, il faudra vous dénicher un emploi. Aux États-Unis, le directeur de thèse et les membres du comité sont habituellement investis de la mission informelle d'aider les diplômés à trouver un emploi, surtout s'il s'agit d'un poste académique. Nous n'en sommes pas encore là au Québec, mais il est probable que nous y arrivions un jour. Les membres de votre comité pourront donc devenir votre meilleure carte de visite. Ce sont eux qui vous fourniront les meilleures lettres de recommandation. Un coup de téléphone de votre directeur pourra vous ouvrir bien des portes. Alors il importe d'établir avec ce dernier une relation de travail où les deux parties pourront y gagner.

Il est fréquent que les membres d'un comité aient des spécialités différentes. Il arrive qu'il y en ait d'un autre département. Utilisez à fond cette diversité et ne vous gênez pas pour les consulter au gré de vos besoins. L'un sera particulièrement fort en méthodologie, l'autre connaîtra la matière, tant mieux. Évitez cependant de jouer un membre contre un autre. C'est enfantin et cela risque de se retourner contre vous. Ne perdez pas de vue qu'il s'agit d'une thèse de doctorat et que ce genre de petites manœuvres n'a pas sa place à cette étape du cycle universitaire. N'hésitez pas non plus à recourir à d'autres ressources que les membres de votre comité, en évitant là aussi les situations délicates. On ne doit pas oublier que ce sont les membres du comité qui seront appelés à juger.

Et attendez-vous à être déçu. Probablement parce que la situation de l'étudiant au doctorat est inconfortable, il est fréquent que celui-ci entretienne de bien belles illusions sur l'intensité et la richesse de ses contacts avec son comité et son directeur. Plus grande sera votre déception à l'endroit de votre formation antérieure et vos séminaires de doctorat, plus grandes seront vos attentes. On voudrait tellement pouvoir discuter théorie pendant des heures et avoir l'impression d'ouvrir de nouveaux chantiers. Pourtant ces moments privilégiés sont rares.

Reste à déterminer le type de relations de travail que vous voudrez voir se développer avec les membres de votre comité. Certains étudiants ont besoin qu'on les suive à la trace. D'autres se sentent au contraire surveillés si on leur demande de lire chacun de leurs chapitres. Une thèse de doctorat, on ne le répétera jamais assez, n'est pas simplement un très long travail de semestre. Il s'agit d'une œuvre scientifique véritable. Il importe donc que tous les participants respectent le plus possible le cheminement normal du processus de recherche.

Trop d'encadrement nourrit chez l'étudiant un faux sentiment de sécurité. Faire de la recherche, c'est apprendre à gérer l'incertitude et l'inconnu. C'est aussi faire des erreurs et apprendre à les identifier. Quant à les corriger, il ne faut pas se faire trop d'illusions. On ne les corrige jamais entièrement. Tout au plus réussit-on à les apprivoiser.

3

CHOISIR UN SUJET

La plus importante décision concerne sans contredit le sujet de la thèse. Évidemment, il n'y a pas de bons et de mauvais sujets, il n'y a que des sujets qui ont été bien ou mal traités. Cela dit, il y a quelques «règles» qui permettent de choisir un sujet qui puisse être traité adéquatement.

☞ Le projet de thèse

Dans la majorité des universités québécoises, il est nécessaire de soumettre un projet de thèse de maîtrise avant d'entreprendre le travail. Ce sera votre premier contact officiel avec le monde merveilleux de la thèse et, à moins d'y être préparé, ce contact pourra se révéler désagréable.

Il s'agit le plus souvent d'un texte d'environ cinq pages que vous pouvez rédiger en un week-end si vous en connaissez les règles. Dans le cas des thèses de doctorat, l'exercice peut prendre plusieurs semaines; il sera même crédité. On lui accorde donc beaucoup d'importance. Les propositions de thèse de doctorat dépassent souvent les vingt-cinq pages car l'étudiant doit démontrer qu'il connaît déjà la matière et qu'il est capable d'articuler un cadre théorique. Un comité départemental, souvent le même pour les thèses de maîtrise et de doctorat, est habituellement chargé de se prononcer officiellement sur les projets.

Avant même de vous mettre à écrire, procurez-vous la

dernière version des règlements de votre département concernant les projets de thèse et les thèses elles-mêmes. Ensuite, dénichez quelques projets qui ont déjà passé avec succès l'étape du comité. Rien n'est plus productif que de s'imprégner de l'exemple des autres. Profitez de l'occasion pour consulter aussi les thèses rédigées depuis cinq ans. Cela vous donnera une idée précise de ce que l'on attend de vous. Le temps que vous passez à flâner dans la bibliothèque à consulter les travaux de vos prédécesseurs vous sera rendu plus tard au centuple.

La rédaction d'un projet de thèse de maîtrise ne devrait être qu'une simple formalité. Pourtant, il en arrête bon nombre. Malgré tout le mal qu'on pourra dire de cet exercice, il possède au moins un avantage, celui de vous aider, le cas échéant, à prendre une décision qui vous répugne. Par exemple, si vous découvrez que vous agonisez depuis deux mois sur votre projet et si l'idée même de le soumettre au comité vous empêche de dormir, mieux vaut songer immédiatement à une autre carrière.

Il existe en général deux types de comité d'approbation des thèses: ceux qui acceptent tout systématiquement, et ceux qui prennent un malin plaisir à faire recommencer, sous prétexte que les hypothèses ne sont pas assez développées et que la bibliographie est incomplète. Il faut se méfier de l'un comme de l'autre.

L'acceptation automatique est habituellement le signe d'un certain relâchement qui peut vous donner une idée de trop grande facilité. N'oubliez pas que, de toute façon, c'est vous et non pas le comité de lecture qui paierez plus tard le prix de cette facilité. À l'inverse, il faut éviter de paniquer si le comité vous suggère de préciser votre projet. Et surtout pas de déclaration de guerre. Cela n'en vaut pas le coup. Vous aurez amplement le temps plus tard de vous battre pour des raisons plus sérieuses.

Certains départements ont adopté la coutume étrange de faire siéger des étudiants au comité des thèses. Cela ne peut que fausser davantage les règles d'un jeu déjà passablement bizarre. Apparemment, cette participation a été acquise au terme d'une longue lutte. Soit! Évitez quand même, à moins d'avoir l'âme d'un martyr, que votre projet de thèse ne devienne l'objet d'une bataille rangée entre professeurs et étudiants. Encore une fois, cela n'en vaut pas le coup et de toute façon vous aurez quand même à l'écrire, cette fichue thèse.

Le plus souvent, il vous suffira de reformuler quelques phrases et d'ajouter quelques titres pour satisfaire tout le monde. Et dites-vous bien que, le jour où vous remettrez votre thèse, rares sont ceux qui se souviendront de vous avoir fait telle ou telle suggestion deux ans auparavant. C'est vous qui aurez alors le dernier mot.

Ces remarques soulignent le caractère particulier de cette production intellectuelle qu'on nomme thèse. On vous demande pour la première fois d'être un véritable chercheur mais on prend soin d'encadrer très étroitement votre travail. Il s'agit d'une situation conflictuelle forcément inconfortable. On fait semblant de vous considérer comme un collègue, mais en même temps on ne manque pas une occasion de vous rappeler votre statut d'étudiant. Mieux vaut vous y faire rapidement. Votre directeur, qui lui aussi est passé par là, réagirait mal à trop de révolte de votre part. On vous demande aussi d'être original, mais en suivant les règles. On exige, surtout au doctorat, un apport nouveau mais on insiste pour que vous vous appuyiez sur la littérature existante. Encore une fois, mieux vaut vous habituer à ces demandes contradictoires. N'ayez crainte, vous n'en serez pas marqué pour la vie.

La thèse est un ramassis de rituels, et cela risque de vous agacer. D'une certaine façon, tout le monde fait semblant dans ce petit jeu: vous jouez au jeune chercheur, le département se prend pour un haut lieu intellectuel et votre directeur a l'impression de diriger. Votre rôle n'est certainement pas le plus facile. On pourrait souhaiter qu'il en soit autrement, mais, sauf à abolir carrément l'exigence de la thèse, personne n'a encore trouvé la formule magique. Une thèse restera toujours à la fois une «recherche pour le vrai» et un «exercice pour la pratique». Il y a là un aspect théâtral qui n'est pas sans rappeler certaines cérémonies d'initiation. Encore une fois, il ne vaut guère le coup de s'insurger contre cet état de fait. Une bonne analyse stratégique suffira pour dominer la situation.

Bien entendu, si vous considérez la thèse et l'écriture comme autant d'objectifs à abattre, vous avez eu la bonne idée de choisir une autre carrière.

∞ La formulation

Comment faire pour définir un sujet? Prendre son stylo et tenter de le préciser en un paragraphe de dix lignes au plus. Vous verrez ce n'est pas facile et il est probable que vous gaspillerez bon nombre de pages avant d'y arriver. Votre première formulation ressemblera sans doute à celle-ci:

> Je voudrais étudier la manière dont le Parti québécois a modifié son idéologie après son arrivée au pouvoir parce qu'il voulait alors assurer sa réélection et qu'il a dû faire face à une grave crise économique qui a forcé les députés et les ministres péquistes à redéfinir leurs priorités.

Il est probable qu'avec une telle formulation votre directeur de thèse ne se montre guère enthousiaste. Il vous conseillera certainement d'y réfléchir davantage. Votre deuxième formulation pourrait alors prendre l'allure suivante:

> Identifier les facteurs politiques et économiques qui ont amené le gouvernement du Parti québécois à modifier ses politiques entre 1976 et 1984.

C'est déjà mieux. Vous avez introduit des dates, vous avez limité votre analyse au gouvernement (par opposition au parti) et vous avez choisi de vous concentrer sur l'identification des facteurs de changements. Mais cette formulation demeure encore trop large. Peut-être faudrait-il réduire la période étudiée et préciser les facteurs dont on voudrait mesurer l'impact, les politiques dont il s'agit et les mécanismes par lesquels ces facteurs ont influé sur les politiques gouvernementales. Chacune de ces précisions entraînera une redéfinition différente de la formulation précédente. Alors les sujets ne manquent pas:

> L'impact de la crise économique de 1982 sur les politiques gouvernementales québécoises.
>
> Le rôle du caucus des députés gouvernementaux dans la reformulation des politiques économiques gouvernementales: 1978-1984.
>
> Les conséquences de la défaite référendaire sur les politiques économiques du gouvernement du Parti québécois: 1980-1984.
>
> L'élaboration du programme du Parti québécois: le poids des calculs stratégiques en 1976.

Chacun de ces sujets devra à son tour être détaillé. Ils pourraient cependant vous servir lors d'un premier contact avec un éventuel directeur ou pour trouver les membres de votre comité. Faites un peu de «magasinage» avant de fixer votre choix.

Perte de temps que tout cela, croyez-vous? Au contraire, cette tentative de définir *par écrit* votre sujet constitue votre première rencontre avec le contenu même de votre thèse. De cette première rencontre dépendront beaucoup de choses. Mieux vaut investir quelques heures maintenant que de souffrir quelques mois plus tard lorsqu'il vous faudra laisser tomber des pans entiers de votre recherche. C'est le moment ou jamais de vérifier votre comportement devant la page blanche.

Ces commentaires valent surtout pour la thèse de maîtrise bien que la démarche demeure foncièrement la même au doctorat. La principale différence réside dans le fait qu'on exige cette fois de vous une contribution *originale*. Mais «originalité» ne veut pas dire démesure. Des sujets comme *Comparaison entre les politiques coloniales de la France et de la Belgique* sont là aussi à exclure.

✑ Éviter les mauvais sujets

1. Choisissez un sujet qui vous intéresse présentement. Ne vous rabattez pas sur un thème qui vous préoccupait il y a quelques mois ou, encore pire, sur un qui vous sera utile pour l'obtention d'un emploi éventuel. C'est peut-être votre dernière chance d'étudier ce qui vous plaît. Ne la ratez pas.

2. Choisissez un sujet qui vous intrigue et qui suscite votre curiosité. Si vous n'êtes pas personnellement intéressé par la question que vous soulevez, il est peu probable que quelqu'un d'autre le sera.

3. Pensez votre sujet sous forme de question: «Comment se fait-il, pourquoi, comment, qui, quand, qu'est-ce qui...» Si vous n'arrivez pas à formuler une question, c'est mauvais signe. Choisissez une question à laquelle vous pouvez déjà donner quelque réponse. Personne n'a jamais rien découvert en s'enfonçant dans l'inconnu le plus total. Il faut que vous soyez capable de reconnaître la réponse lors-qu'elle se présentera. Autrement vous risquez de chercher longtemps.

4. N'attendez pas le sujet parfait. Il n'existe pas, heureu-sement d'ailleurs (ce qui ne veut pas dire de choisir un sujet pensum). La thèse de maîtrise ne sera pas l'œuvre de votre vie, celle de doctorat non plus. Peu d'entre elles devien-nent des livres. Ne choisissez donc pas votre sujet en fonction d'une publication.

5. Ayez du style et un peu de panache dans le choix de votre sujet. Les thèses ennuyeuses ne constituent jamais une

bonne carte de visite. Évidemment, la thèse ne vous suivra pas toute votre vie. Sa période de demi-vie est à peine de quelques mois, mais pendant ces mois elle constitue votre atout majeur.

6. Évitez les sujets sur l'avenir de l'humanité: *L'évolution des rapports est-ouest depuis 1945*, *La politique agricole au Canada*, *Le personnage féminin dans le roman québécois*, *La pensée politique de Kant*. Définissez un sujet qui soit malléable et que vous pourrez réorienter en cours de route.

7. Évitez les sujets à plusieurs étages comme *L'importance des transferts de technologie dans le développement économique: la modernisation de l'agriculture en Zambie, 1960-1981: le rôle des coopératives*. Formulez votre sujet de façon claire et simple. On doit avoir envie de vous lire à partir de votre seul titre. Évitez de grâce les formules empesées (*Prolégomènes...*) et le jargon (*Dysfonctionnalité récurrente et...*).

8. Méfiez-vous, surtout à la maîtrise, des sujets comparés, du genre *Une comparaison des politiques de stabilisation aux États-Unis et en France*, ou *L'intégration multiculturelle scolaire à Toronto et à Montréal: le cas des Portugais et des Italiens*. Non seulement l'analyse comparative est l'une des plus difficiles qui soit, mais on en perd facilement le contrôle. On se contente le plus souvent de décrire côte à côte les deux situations pour terminer avec un chapitre résumant les différences et les similitudes. Rien de plus décevant pour un jury de thèse que ces titres qui promettent beaucoup mais qui ne tiennent pas parole.

9. Une fois votre sujet choisi, réduisez-en l'ampleur de moitié. Par exemple, limitez la période étudiée ou concentrez-vous sur un seul aspect de la question qui vous intéresse. Ne vous inquiétez pas de savoir si vous aurez assez de matériel. Il y a tout à parier que vous en aurez trop. Pour empêcher alors de suffoquer, il vous faudra encore suivre

ce conseil: une fois l'ampleur du sujet choisi limitée, empressez-vous d'en réduire de nouveau de moitié la portée. Ne craignez rien. Il en restera toujours quelque chose. On ne connaît guère d'exemples de thèses de maîtrise ou de doctorat refusées parce que leur sujet était trop restreint.

4

ÉVALUER LE TRAVAIL À FAIRE

Vous avez un sujet, un directeur, un comité et vous êtes inscrit en bonne et due forme. Les tracas sont finis, l'épreuve commence.

Mener à bien une thèse est un gros travail, un parcours d'obstacles où vont jouer non seulement vos connaissances, vos capacités intellectuelles, mais aussi votre caractère: ténacité, courage, capacité d'organisation, capacité de poursuivre durablement un objectif. Qu'une de ces qualités vous manque et vous risquez de ne jamais finir votre thèse. Avant de commencer, mettez-vous donc bien en tête ces quelques vérités premières:

—pas de thèse, sans un travail important et organisé sur une longue période;

—pas de thèse, sans rencontrer des difficultés de différents ordres et auxquelles il est possible d'apporter différents types de solutions;

—pas de thèse, sans une méthode, sans une démarche organisée.

Cette démarche doit évidemment tenir compte du domaine de la recherche, du sujet, des exigences du directeur de recherche... et des qualités et défauts du chercheur lui-même. Malgré tout, il est possible de dégager une démarche type, que l'on pourrait schématiser ainsi:

DÉMARCHE	PRODUCTION
Choix d'un sujet	
Établissement d'une problématique provisoire en collaboration avec le directeur de thèse.	Définition préliminaire du sujet et de l'approche.
Débroussaillage	
Dégrossissage du sujet et tour d'horizon de la littérature.	Problématique I. Esquisse du plan de travail.
Formulation de la proposition	
Discussion avec le directeur de thèse et accord sur l'orientation générale en vue d'une soumission en comité des thèses.	Proposition de thèse avec cadre théorique, hypothèses, bibliographies, méthodologie.
Formulation définitive	
Nouvelle discussion avec le directeur et les membres du comité pour arriver à un texte final.	Proposition finale tenant compte des suggestions du comité et du directeur. Plan de travail définitif.
Travail de recherche	
Sur les livres. Sur les matériaux. Sur le terrain.	Fiches. Notes. Résumés. Amendements à la problématique I.
Évaluation du matériel	
Analyse critique du matériel accumulé et travail de mise en forme préliminaire.	Fiches d'idées. Commentaires personnels. Projets d'idées-forces. Projet de plan.

Reformulation de la problématique

Discussion du plan de rédaction avec le directeur de thèse.

Projet de problématique II.
Premières ébauches
de rédaction
(pour des points importants).
Rédaction d'un article.

Travaux complémentaires

Nouvelles recherches sur le terrain et dans les livres.

Ajouts aux fiches et notes.
Nouvelles idées,
interprétations.

Plan de rédaction

Formulation d'une problématique définitive et un accord sur l'ensemble avec le directeur.

Plan détaillé.
Table des matières
préliminaire.

Rédaction

Commentaires des lecteurs extérieurs et du directeur. Corrections et réécriture.

Manuscrit (1re frappe).

Rédaction définitive

Relecture personnelle et corrections finales.

Frappe finale du manuscrit.

Dépôt et soutenance

Démarches pour la soutenance et vérification de son dossier.

Photocopies du manuscrit.
Résumé.
Formulaires à remplir.

Cette démarche type n'a rien d'absolu. Elle doit être adaptée en fonction de vos qualités et handicaps personnels, de votre sujet, de la matière... Elle doit aussi être modifiée en fonction des demandes, des habitudes et méthodes de travail de votre directeur de recherche.

↜ Le calendrier

Même s'il est probable que vous ne le suivrez pas, établissez dès le départ un calendrier idéal. Il vous fera au moins prendre conscience des retards que vous ne manquerez pas d'accumuler. Pour vous aider, voici quelques estimations réalistes du temps requis pour chacune des étapes.

	Maîtrise	*Doctorat*
Choix du sujet	1 ou 2 sem.	2 ou 3 sem.
Premier débroussaillage	2 ou 3 sem.	4 à 6 sem.
Formulation de la proposition	1 à 2 sem.	2 ou 3 sem.
Proposition officielle	1 à 7 sem.	2 ou 3 sem.
Travail de recherche	X	Y
Évaluation du matériel	2 ou 3 sem.	3 ou 4 sem.
Reformulation de la problématique	1 semaine	2 semaines
Travaux complémentaires	2 semaines	10 semaines
Plan de rédaction	1 semaine	3 semaines
Rédaction	6 à 10 sem.	20 à 40 sem.
Correction et rédaction finale	2 semaines	8 à 10 sem.
Démarche de soutenance	5 semaines	8 semaines

Comme vous voyez, vous n'avez pas de temps à perdre. Si on ne tient pas compte du travail de recherche proprement dit, il vous faudra compter, dans le cas d'une maîtrise, sur un minimum de 19 semaines et jusqu'à 24 semaines pour transformer la matière première recueillie dans vos recherches en un document acceptable; et, dans le cas d'une thèse de doctorat, sur un minimum de 54 semaines (et jusqu'à 77).

Pour ce qui est de la recherche proprement dite, on peut estimer qu'elle exigera une somme de travail équivalente à toutes les autres étapes réunies. C'est dire qu'il vous faudra un an de travail pour une thèse de maîtrise et quelque deux ans et demi pour une thèse de doctorat, et ce à condition que vous vous y mettiez. En effet l'expérience montre que ceux qui pensent avoir tout leur temps finissent souvent par ne jamais arriver; que ceux qui ont des échéances précises sont, de toute façon, toujours pris de court; et que seuls ceux qui s'astreignent à une discipline rigoureuse ont de sérieuses chances d'en venir à bout. Alors, ne flânez pas!

☞ Le premier débroussaillage

Vous pensez avoir tout le temps devant vous. En fait, le temps vous est compté. Prenez l'habitude de vous organiser. Pour faire le tour de la documentation, vous avez quelques semaines: deux ou trois pour un mémoire, quatre à six pour une thèse. Il ne s'agit évidemment pas de tout lire. Il s'agit d'explorer, de sonder, de prendre une vue d'ensemble, et notamment:

1. de commencer une exploration systématique de la documentation publiée à partir des fichiers des bibliothèques (fichiers traditionnels ou informatisés), des ouvrages bibliographiques *ad hoc*, des répertoires de thèses et des banques informatisées;

2. de prendre entre les mains, de feuilleter et d'évaluer les ouvrages se rapportant le plus directement à votre sujet, ainsi que les ouvrages faisant autorité sur la question;

3. de prendre contact avec la source de documentation sur laquelle vous allez travailler (qu'il s'agisse de statistiques, de matériaux juridiques ou administratifs, d'archives);

4. de prendre contact avec le terrain sur lequel vous allez travailler (entreprise, zone rurale, quartier de ville) et de trouver les personnes et les institutions auxquelles vous aurez affaire comme à des obstacles ou à des appuis.

Dès ce moment, vous devez commencer à prendre des notes. Faites-le le plus systématiquement possible, que ce soit avec des fiches par livre, par article, par source... (il peut s'agir de fiches cartonnées, de fiches électroniques ou de feuilles — ou demi-feuilles — de papier... mais choisissez un seul format, commode pour vous), avec des fiches d'information (indiquant toujours précisément la source); ou avec des fiches d'idées, d'hypothèses, d'interprétation (en indiquant

si cela vient de vous, ou d'une autre source, et, si elles viennent de vous, en les datant).

Ce qui est essentiel, dans cette phase, c'est:

—de mesurer l'ampleur de la tâche: y a-t-il, concernant le
sujet, quelques livres, quelques dizaines ou quelques
centaines? Y a-t-il trois liasses d'archives ou de documents, un mètre cube ou dix mètres cubes?

—de repérer les deux, cinq, dix livres ou articles qu'il faut
absolument, impérativement, lire et analyser;

—de repérer les deux, cinq, dix personnes, spécialistes,
personnages clés, témoins, anciens ou autres, qu'il faut
absolument voir, écouter, consulter;

—prévoir les permissions à demander, les délais, les formules, le temps-machine, le financement, les voyages.

Et il faut lire les livres les plus importants en prenant des
notes; voir les personnes les plus importantes; commencer à
réfléchir, à brasser dans votre tête les questions, les débats, les
certitudes, les doutes, les interrogations, les points forts, les
zones d'ignorance. Il faut aussi faire un premier tri, dégager
l'essentiel de l'inutile ou du secondaire; il faut faire des choix,
trier, décider sur quels axes vous allez concentrer votre recherche, sur quels terrains vous allez concentrer votre effort,
sur quels matériaux vous allez mener l'approfondissement.

Le prix en sera quelques journées d'insatisfaction, de blo-
cage et de découragement et quelques nuits d'insomnie ou
de sommeil troublé: c'est souvent le signe que le travail se fait.
Et bientôt vous serez en mesure de rédiger la problématique I et d'élaborer votre plan de travail.

5

DÉFINIR UNE PROBLÉMATIQUE

La problématique, c'est l'ensemble construit, autour d'une question principale, des hypothèses de recherche et des lignes d'analyse qui permettront de traiter le sujet choisi. Elle est, pour le travail de la thèse, aussi importante que le cerveau et le système nerveux pour un être humain ou que le poste de pilotage pour un avion de ligne. Il n'y a pas de bonne thèse sans bonne problématique.

Évidemment, la problématique évolue, mûrit, au fur et à mesure qu'avance la préparation de la thèse. Elle peut être ébauchée et parcellaire au moment du choix du sujet (problématique provisoire). En fait elle est toujours à recommencer. Mais elle doit déjà, après le travail de débroussaillage-dégrossissage, être solide, claire, assurée: c'est ce que nous appellerons la *problématique I* qui permet d'organiser le *plan de travail*. Plan indispensable qui permettra de centrer utilement le travail de recherche, et évitera de trop tourner en rond ou de vous égarer sur des pistes inutiles. C'est votre guide avant de vous lancer sur le terrain.

Ensuite, au fur et à mesure que progresse votre recherche, vos idées se clarifient, vos hypothèses se précisent, vos analyses s'affirment: bref, votre problématique mûrit; et il n'est pas mauvais, à certaines phases, d'en reprendre la rédaction.

Au terme de votre recherche sur le terrain et de l'évaluation critique de votre matériel, vous serez en mesure de rédiger une nouvelle version de votre problématique. Cette *problématique II* vous permettra de construire le raisonnement qui sous-tendra votre *plan de rédaction*. Elle devrait être partie intégrante de l'introduction générale de votre thèse. Mais attention, cette *problématique II* ne doit être qu'un raffinement de votre première ébauche. S'il vous fallait rédiger une problématique entièrement différente à la suite de votre travail sur le terrain, c'est que vous avez une très mauvaise perception de la réalité. Après le débroussaillage, l'enchaînement est donc le suivant:

Problématique I → *Plan de travail* → *Problématique II* → *Plan de rédaction.*

❥ La question principale

La problématique I ne tombe pas du ciel. Elle est l'aboutissement du double travail antérieur: choix du sujet et débroussaillage. Ceux-ci ne vous permettent pourtant pas encore d'aller au cœur de la problématique qui vous guidera tout au long de votre recherche. En fait, vous tournez autour du pot. Il va vous falloir trancher. Il vous faut une «poignée» intellectuelle: il vous faut une question principale. On ne saurait trop insister: *l'élaboration de la problématique I passe par le choix d'une question principale qui doit être cruciale, essentielle, centrale par rapport au sujet choisi.*

Ensuite il s'agit de développer cette question principale à travers un jeu construit d'hypothèses, de questionnements, d'interrogations, fondés sur des «outils idéels», concepts, éléments théoriques, aussi cohérents et rigoureux que possible.

À ce stade-ci, il importe peu que vous disposiez d'un cadre théorique étoffé. Il faut cependant être capable de relier ces interrogations et l'ébauche de la question principale à certaines grandes explications qui ont cours dans le domaine d'études concerné. N'oubliez pas que la thèse devra éventuellement comprendre une «revue de la littérature» et il est temps d'y penser.

Sur cette base et, compte tenu à la fois de la question principale et des domaines de recherche repérés, il s'agit d'élaborer le plan de travail pour la recherche en cours. Ce plan devrait comprendre: une liste des questions à élucider, un aperçu de quelques grands domaines de recherche qu'il vous faudra regarder de près et une réflexion sur les moyens et méthodes qui seront mis en œuvre.

Une fois que vous aurez en main cette première version de votre problématique et de votre plan de travail, vous êtes alors prêt à rédiger la première version de votre proposition de thèse.

La question principale doit être formulée en quelques lignes: le plus simple sera le mieux. Ce n'est pas une mauvaise idée de commencer votre proposition de thèse par cette question principale. Le jeu d'hypothèses quant à lui pourra être présenté en quelques pages, de même que le plan de travail. Au total, il s'agira donc d'une présentation de cinq à dix pages pour une thèse de maîtrise et de dix à vingt pages au doctorat. Il est bon d'y joindre une première bibliographie sélective indiquant les principales sources qui seront explorées et utilisées ainsi que les principaux livres et articles.

Si votre université impose une démarche formelle pour ce qui est de l'approbation d'un sujet de thèse, vous pourrez alors utiliser cette première formulation de votre problématique pour vous y conformer. Il vous faudra cependant l'adapter; certains départements ont même des formulaires qu'il faut remplir.

La problématique I doit être présentée au directeur de recherche et discutée avec lui. Vous devez vous mettre d'accord avec lui sur l'orientation générale de votre travail, sur les champs d'application, sur les méthodes et sur les étapes de la recherche.

Outre le directeur, chaque étudiant préparant une thèse devrait trouver autour de lui deux ou trois autres «lecteurs intéressés»: un autre enseignant, un jeune chercheur, un autre étudiant de thèse. Il serait bon qu'au moins un connaisse assez bien le domaine étudié et qu'un autre l'ignore largement. Ne vous braquez pas à la lecture de leurs commentaires. Ne les considérez surtout pas comme des attaques personnelles.

Si vous n'arrivez pas à formuler la question principale, si vous êtes ballotté entre plusieurs questions, si de semaine en semaine vous changez de question, passant de l'une à une autre proche, puis encore à une autre, c'est qu'il y a une difficulté de fond. Vous n'êtes peut-être pas prêt à vous engager dans le travail de recherche. Parlez-en à votre directeur. Prenez le temps de laisser mûrir.

S'embarquer dans un travail de recherche sans la question principale est aussi peu sensé que de partir sans boussole dans une immense forêt, ou sans compas dans une navigation à travers l'océan. Ne pas avoir de plan de travail, c'est se condamner à l'avance à se laisser déborder par la documentation.

Cela dit, la formulation de la question principale peut prendre du temps. Continuez à travailler... avec le souci permanent de cerner de mieux en mieux et d'exprimer le plus précisément possible cette indispensable question principale.

☞ Le plan de travail

Au cœur de la problématique, il y a donc la question principale. Elle permet de ne pas s'égarer. Car une difficulté en soulève une autre; un problème résolu débouche sur de nouveaux horizons, une ignorance sur de nouvelles interrogations. La question principale permet de garder le cap: est-ce vraiment important de piocher dans cette immense masse de matériaux, est-ce que cela me sera finalement utile? N'est-il pas préférable de me concentrer sur ces deux ou trois sources, limitées, mais qui correspondent mieux à mon axe de recherche? C'est la question principale qui permettra par la suite de prendre des décisions difficiles, laisser tomber tout un chapitre par exemple.

C'est aussi elle qui aidera ultérieurement le lecteur à s'y retrouver. Elle constituera le fil lui permettant de passer d'un chapitre à l'autre, sans se perdre ni perdre l'intérêt.

La question principale doit être cruciale, centrale, essentielle, par rapport au sujet choisi. Elle ne doit pas être à côté du sujet, ou décalée, désaxée par rapport à lui.

Par exemple, si le sujet est *La place de l'économie de Zanubie dans le système économique mondial*, la question principale ne peut être «Quel a été le mode de développement de la Zanubie depuis l'indépendance?», ce qui est un autre sujet; ni «Quel est le développement agricole en Zanubie?», ce qui est un aspect seulement du sujet choisi, et peut-être un autre sujet.

Si la Zanubie est un pays indépendant, engagé dans la voie du développement dans les années soixante, la question principale peut être formulée ainsi: «Compte tenu de la voie de modernisation choisie, la Zanubie ne se trouve-t-elle pas maintenant dans une situation de spécialisation dépendante?»

Cette question approfondit et précise le sujet, elle lui donne une dynamique avec le thème de la «spécialisation dépendante» reliée au processus de modernisation mis en œuvre; elle ouvre tout naturellement sur le plan de travail qui pourrait prendre l'allure d'un questionnement de la littérature spécialisée quant au processus de modernisation et de spécialisation dépendante:

1. Dans l'agriculture:
   - modernisation agricole
   - spécialisations agricoles
   - évolution des cultures vivrières
   - structures sociales
   - exode rural

2. Dans l'industrie:
   - mines
   - industrie de transformation
   - technologies et transferts de technologies
   - financement et endettement

3. Dans le tertiaire
   - tourisme
   - transports maritimes et aériens
   - banque et assurance

4. L'émigration

Voilà un *plan de travail*: c'est sur ce plan qu'il conviendra de mener le travail de recherche, documentation, analyse, réflexion, effort d'interprétation. Mais il importe dès ce moment de ne pas en être prisonnier et de ne pas le considérer comme le plan de rédaction. Le plan de rédaction, lui, sera l'armature cohérente du raisonnement construit qui portera le texte de la thèse, raisonnement qui impliquera le plus souvent une recomposition de la matière travaillée pour apporter une réponse à la question principale. D'où l'enjeu tout à fait décisif d'avoir réussi aussi tôt que possible à formuler, à la fois clairement et fortement, cette fameuse question principale. D'où aussi la nécessité de ne pas se laisser enfermer, pour la rédaction, dans la structure du plan de travail. Il faut insister: la question principale va être la clé du travail de recherche, comme elle sera plus tard la clé du travail de rédaction. C'est elle qui vous permettra de passer de l'un à l'autre sans vous perdre. Il se peut que le comité des thèses ou votre comité de doctorat vous demande de revoir votre proposition de thèse. Ne vous en offusquez pas. Profitez de l'occasion pour raffiner encore davantage votre question principale.

Vous avez votre question principale. Alors, un conseil pratique très simple: prenez une grande feuille cartonnée que vous placerez devant votre table de travail, et inscrivez en gros caractères «QUESTION PRINCIPALE», suivie de la question elle-même, et «CALENDRIER PRÉVU» avec les étapes qu'il comporte et la durée prévue pour chacune d'elles. Régulièrement, regardez «où vous en êtes»: par rapport à la question, et par rapport au calendrier.

6

S'ORGANISER MIEUX
POUR TRAVAILLER MOINS

Avec le sujet et la problématique, avec le directeur de recherche et le groupe de lecteurs, avec le plan de travail, vous voilà muni de l'équipement minimal. Reste encore à vous organiser matériellement, à définir votre méthode de recherche et à bien établir les bases théoriques sur lesquelles vous allez asseoir votre recherche.

L'organisation matérielle doit être pensée, conçue dès le début du travail de recherche. Elle doit permettre de retrouver rapidement (en cours de recherche, en cours de rédaction) un matériau, ou un ensemble de matériaux; de consulter d'une manière aisée et raisonnée, ces matériaux; de les classer et reclasser selon des plans qui évoluent; de retrouver pour toute information (citation, chiffre, évocation d'une autre interprétation, etc.) la source précise; de faciliter le transfert d'information entre les fiches de notes et le texte proprement dit. Rien n'est plus harassant et irritant que d'être obligé, en présence de deux chiffres divergents ou d'une phrase tronquée ou inexacte, de parcourir plusieurs documents pour retrouver d'où ils viennent.

∽ Les références

Chaque note qu'on prend doit immédiatement être suivie d'une identification systématique de sa source. Chaque source consultée (livre, document, annuaire...) doit faire l'objet d'une fiche complète et précise indiquant jusqu'à l'édition utilisée. Pour votre propre usage, ajoutez-y le nom de la bibliothèque où vous l'avez consultée et éventuellement sa cote, ou le nom de la personne qui vous l'a communiquée. Au moment de la rédaction ou de la recherche finale, vous ne serez pas obligé de faire plusieurs bibliothèques ou centres de documentation pour retrouver un ouvrage ou un document où l'on doit faire une ultime vérification.

En faisant cela, vous vous dotez d'une documentation opérationnelle, tant pour la recherche que pour la rédaction. Et, en même temps, vous préparez une des composantes de la thèse, «sources et bibliographies», qui est partie intégrante de tout travail universitaire. D'où l'importance de vous astreindre dès le début à la discipline de bien «référencer» livres, articles et autres documents, tout en leur affectant une référence codée que vous utiliserez sur vos fiches. Pour vous y retrouver, il est conseillé de tenir à jour, pour votre propre usage, une table de vos références codées... pour être sûr de vous rappeler, le moment venu, à quoi peuvent bien renvoyer BISP 1984, ou ARDO 1924...

Pratiquement, c'est à vous de choisir votre mode d'organisation. Il n'y a pas une méthode unique. Certains travaillent sur des fiches cartonnées de couleurs différentes, classées dans des tiroirs; le format le plus commode demeure celui de 7,6 x 2,8 cm (3 x 5 po). D'autres travaillent sur des feuilles 21,5 x 28 cm (8,5 x 11 po) en écrivant sur une seule face pour permettre découpages et collages. D'autres encore travaillent sur cahiers, avec un système de fiches pour s'y retrouver.

Les papillons adhésifs repositionnables («Post-it») de formats et de couleurs variés offrent aussi de multiples possibilités. On peut laisser des papillons dans des livres pour indiquer un passage intéressant (sur la tranche par exemple), utiliser un papillon sur une fiche pour y inscrire une note personnelle, y transcrire des observations, références, etc., que l'on placera ultérieurement à la «bonne» place dans le texte.

De plus en plus, l'ordinateur personnel permet déjà de traiter en tout ou en partie la documentation et les références. (Nous avons rassemblé au chapitre 14 toutes les observations

EXEMPLES DE FICHES BIBLIOGRAPHIQUES

> Georges Ardoin, *De la connaissance*, Genève, Éditions du Soleil, 1924[a].
>
> Ardoin 1924[b]; Bibliothèque de Lettres[c], HB 328.4A[d].
>
> Très bonne bibliographie[e]. Présentation intéressante de l'impact de la physique moderne.

> Georges Ardoin, «Sur quelques débats récents en matière d'épistémologie», *Revue de droit et d'économie*, Bruxelles[f], 8, 3 (1924), p. 227-246.
>
> Ardoin 1924b, Bibliothèque de McGill, HB 1001.7.
>
> Reprend sensiblement son livre. Répond à ses critiques. Bonnes références de bas de page concernant le débat de 1923-1924.

> G. Trouvé, *Georges Ardoin et son temps*, Lausanne, Éditions du Lac, 1928.
>
> TROUVÉ 1928, Personnel.
>
> Bonne bibliographie et filmographie.
>
> «La plus grande erreur de ma vie fut de ne pas avoir terminé ma thèse» (G. Ardoin dans une entrevue à Trouvé 1927, p. 174)[g].

a. Faites l'effort de prendre la référence correctement tout de suite.
b. Utilisez un code qui vous permettra de retrouver facilement votre référence.
c. Localisez le livre.
d. Mettez la cote, cela pourra vous éviter une démarche.
e. Appréciation personnelle.
f. Tant que vous n'aurez pas standardisé vos références, inscrivez toute l'information accessible. Vous pourrez toujours retrancher plus tard.
g. Il se peut qu'une seule phrase vous ait frappé.

et commentaires concernant le traitement de texte et la thèse «électronique».)

On peut, enfin, recourir depuis peu à des photocopieurs de poche, encore chers, il est vrai, mais dont l'usage devrait se généraliser dès que les prix baisseront. Mais là non plus il ne faut pas oublier de prendre en note la référence précise. L'essentiel est de se définir un mode d'organisation dès le début et de le respecter d'une manière opiniâtre, systématique.

☞ Les notes

Si vous êtes en rédaction de thèse, vous avez sans doute déjà une façon de prendre des notes. Quelles que soient les lacunes de votre système, ce n'est pas le moment maintenant de recommencer à zéro. Quelques ajustements, voilà tout ce dont vous avez probablement besoin.

L'essentiel dans une thèse est de pouvoir trouver une façon de prendre des notes avec laquelle on se sent à l'aise et qui permet ensuite de traiter intelligemment le matériel accumulé. Prendre des notes pour le plaisir de le faire n'avancera guère. Il faut être capable par la suite de s'en servir sans en devenir l'esclave.

Il n'y a que deux façons de prendre des notes d'un livre ou d'un article. Il est probable qu'on aura à utiliser les deux simultanément.

L'imprégnation

Si le livre ou l'article est d'une telle importance qu'il est essentiel que vous arriviez à vous imprégner de son contenu en vous insérant dans la logique même de l'argumentation, il n'y a pas d'autre solution que d'en rédiger un *résumé*[1].

---

1. Les distinctions qui suivent sont empruntées au *Cahier de méthodologie et guide pour l'étudiant-e*, publié par le Service de pédagogie universitaire de l'UQAM (1985), p. 73-81.

Le résumé informatif doit être aussi complet que possible sur la problématique, la question principale, le raisonnement, les arguments et les conclusions d'un texte. La meilleure façon d'y arriver est de suivre l'ordre logique de l'auteur et l'enchaînement des chapitres.

Le résumé analytique vise les mêmes objectifs mais en imposant au livre votre propre logique. Il ne s'agit plus de suivre le raisonnement de l'auteur à la trace mais de le reconstruire à partir de votre question principale et de votre problématique. Tout en respectant la pensée de l'auteur, c'est vous qui décidez de ce qui est important.

EXEMPLE DE RÉSUMÉ ANALYTIQUE

Jacques Duhamel, «L'évolution des politiques sociales du gouvernement Mauroy», *Politique et société*, 14, 7 (1983), p. 123-186.

1. Duhamel situe son travail dans la lignée «des études théoriques sur la nature de classe de l'État moderne» (p. 124) et des nouvelles préoccupations «pour l'utilisation de méthodes plus quantitatives dans le traitement de questions qui jusqu'ici n'étaient abordées qu'à partir d'une sociologie politique désincarnée» (p. 127).

2. Il pose trois prémisses:
    a) L'État moderne est un État de classes.
    b) Les mouvements sociaux participent pleinement à cette définition.
    c) Les inégalités économiques demeurent déterminantes dans l'appréciation des stratégies individuelles et collectives.

3. Il tente d'aborder de façon différente le thème de l'individualisme méthodologique (soulevé par P. Birnbaum dans *L'individu et la société*). Il définit l'individualisme comme «la prise en charge par un calcul personnel des termes d'une décision dont les retombées collectives sont importantes» (p. 157).

Le résumé critique, comme son nom l'indique, est plutôt une appréciation de votre part de la qualité d'une argumentation, d'une méthodologie ou de certaines conclusions. Pas question ici de refléter la pensée d'un auteur. Ce qui vous intéresse, ce sont les failles (ou les points forts) de sa présentation.

La dissection

Alors que le résumé se fait habituellement sur des feuilles grand format, la fiche est le meilleur support pour la dissection. La méthode est simple: dès que vous rencontrez une idée, une phrase, un commentaire qui retient votre attention, vous le transcrivez. Toutes les façons de faire sont bonnes, pour autant qu'on respecte les principes suivants:

— ne pas lésiner sur les fiches; une seule idée, un seul commentaire par fiche; ne pas écrire au verso;

— porter la plus grande attention au titre de la fiche, c'est ce qui permettra de la classer;

— utiliser la mise en fiche de façon active; ajouter des commentaires et, si un texte fait penser à quelque chose, le noter (utiliser une fiche d'une autre couleur, ou un stylo différent);

— indiquer très clairement l'origine de la fiche, surtout si elle comprend une citation;

— relire et classer les fiches périodiquement, cela donne une idée d'où on en est;

— trouver une boîte où classer le matériel;

— toujours avoir un paquet de fiches vierges sur soi; on ne sait jamais quand l'idée de génie pourrait surgir.

∞ Le travail théorique

Au-delà de l'organisation des bases matérielles de votre recherche, vous avez à choisir, à préciser votre *méthodologie*. Il n'est pas question ici de traiter des différentes méthodes. Tout ce que l'on peut faire, c'est insister pour que vous preniez le temps, avant de démarrer le travail proprement dit, de bien définir celle qui s'adapte le mieux, à la fois à votre discipline, à votre sujet, à la matière sur laquelle vous allez travailler et à votre approche.

De même vous avez à vous munir de l'*appareillage théorique et conceptuel minimal*. Si vous avez un, deux ou trois mots clés dans l'intitulé de votre sujet, une première réflexion critique sur leur définition doit vous permettre de dégager le contenu que vous leur donnez. De même, vous devez très rapidement avoir fait le tour des débats qui concernent le champ sur lequel vous travaillez, pour faire ressortir les lignes de clivage, les axes de réflexion qui concernent ce champ. Pour y arriver, il n'y a pas d'autre façon que de fouiller la littérature.

Enfin, et cela concerne plus votre vie personnelle que votre thèse, vous avez à *organiser votre vie* en fonction de votre thèse. Si vous n'avez «que ça à faire», astreignez-vous à consacrer régulièrement sept ou huit heures par jour à votre thèse, avec un jour ou un jour et demi de repos par semaine. Mais beaucoup n'ont pas «que ça à faire». Il faut alors redoubler de discipline et prévoir des moments précis où vous y travaillerez. Soyez réaliste.

L'important est d'acquérir dès le début un rythme de travail où vous serez à l'aise, et dont vous serez fier. Il peut sembler étrange de parler de fierté à propos d'une thèse, mais il importe d'être bien dans sa peau si on veut se rendre jusqu'au bout de l'exercice. La meilleure façon d'y arriver, c'est de se définir un système. Par exemple: travail de réflexion le matin, travail en bibliothèque l'après-midi, mise en forme des notes en soirée.

Et surtout méfiez-vous de votre imagination. Pas celle qui vous permet d'établir des liens entre des phénomènes opposés, mais celle qui ne manquera pas d'inventer des tas de choses à terminer ou à entreprendre — faire le ménage de ses vieilles notes de cours, mettre de l'ordre dans sa bibliothèque, passer l'aspirateur — plutôt que de demeurer à son bureau. S'il le faut, tenez un registre des «excuses» que vous utilisez le plus souvent.

Depuis que vous êtes en âge d'observer et de comprendre, vous faites, d'une certaine manière, de l'épistémologie sans le savoir. Vous avez une certaine démarche de connaissance, une certaine manière d'appréhender le réel. Si vous ne l'avez pas fait jusqu'ici, il est temps de voir clair en vous-même et peut-être de mettre un peu d'ordre dans votre tête.

Nous ne nous risquerons pas ici à faire le tour de l'immense problème de la connaissance, du savoir, de la démarche scientifique. C'est l'objet d'autres ouvrages. Deux points cependant méritent d'être soulignés. Rappelons qu'à la maîtrise et au doctorat, vous devez, si vous ne l'avez pas fait récemment, refaire le point sur cette question: qu'est-ce que le travail de connaissance dans le domaine qui est le vôtre? Les théories sont-elles nombreuses? La recherche est-elle surtout empirique? Existe-t-il des «études» de pensée? Vous vous engagez dans un travail de recherche; le minimum est que vous ayez une idée aussi précise que possible du sens et du contenu de ce que vous allez faire.

Vous devez donc, en fonction de votre discipline, de votre démarche, de votre sujet, mettre au point votre méthode scientifique. Ne négligez évidemment pas tout ce qui a déjà été élaboré en la matière: méthode de la recherche historique ou enquête sociologique, analyse de texte ou étude économétrique, entretien non directif ou travail statistique, expérimentation en laboratoire. Réappropriez-vous ce que les autres ont fait, à la fois en cernant les potentialités et les limites de leur méthode, et aussi en examinant dans quelle mesure elle éclaire la question étudiée. Autrement dit, gardez, ici encore, votre esprit critique.

Deuxièmement, comme les conseils donnés dans cet ouvrage sont marqués par une certaine conception de l'épistémologie, mieux vaut l'expliciter, même si c'est d'une manière très schématique. C'est à vous de juger.

La connaissance est un processus itératif entre le réel (que l'on étudie) et la représentation de ce réel «dans la tête» (concret pensé, construction théorique, recomposition idéale du concret perçu ou vécu). Il n'y a donc jamais de «connaissance absolue»; il n'y a que progression dans l'adéquation de la représentation «dans la tête» du réel, dans la capacité de la connaissance à rendre compte de celui-ci. La qualité d'une théorie ne peut se juger à sa seule cohérence interne, mais à sa capacité de rendre compte du réel.

Le travail sur le réel implique toujours une position théorique, scientifique de départ (même si elle est élémentaire, fragmentaire et non explicitée). Il ne peut donc se faire qu'à travers l'utilisation d'outils conceptuels, théoriques, scientifiques. L'utilisation de ces outils conceptuels, théoriques, scientifiques dans le travail de connaissance et d'analyse du réel oblige à améliorer l'élaboration des outils eux-mêmes.

Il n'y a de place, dans le travail de connaissance ni pour le travail théorique à l'état pur, c'est-à-dire coupé de toute référence à un objet ou à une réalité dont il s'agit de rendre compte; ni pour un empirisme descriptif absolu qui oublierait l'indispensable effort d'élaboration théorique et de conceptualisation. La connaissance est le mouvement par lequel on utilise des «outils idéels» (théoriques, conceptuels, scientifiques) pour lire, interpréter, analyser une réalité; et dans ce travail sur la réalité on est amené à améliorer, élaborer, perfectionner les «outils idéels» existants.

Ce qui vient d'être dit n'implique aucune préférence quant à la nature des sujets: les sujets dits théoriques (sur la pensée d'un auteur ou tel débat scientifique ou telle théorie) sont tout aussi valables que les sujets empiriques sur tel problème constitutionnel, telle question sociale ou tel comportement électoral.

Ce qu'il faut, dans chaque cas, c'est choisir la démarche scientifique qui permet de traiter le sujet. Et on ne traite pas un sujet théorique en se bornant à relire et à citer quelques livres; de même qu'on ne traite pas un sujet empirique en se bornant à rassembler des informations factuelles. Dans les deux cas, il faut construire la problématique et mettre en œuvre la démarche d'analyse adéquate.

Dans tous les cas, ce qu'on attend d'une thèse, comme de tout travail de recherche, c'est un progrès dans la connaissance: soit un éclairage nouveau sur une question en débat, soit la reconstruction d'un corpus explicatif, soit l'approfondissement d'une analyse sur un point important. Une thèse doit contribuer, même si c'est pour une part modeste, à l'amélioration, à l'élargissement ou à l'approfondissement de la connaissance dans le domaine qu'elle concerne.

7

À LA RECHERCHE D'INFORMATION

Vous avez votre sujet. Vous avez, au moins dans une version provisoire ou transitoire, votre question principale. Vous savez donc dans quel champ vous allez travailler et quels axes de réflexion, d'analyse, d'interprétation vous voulez explorer. Vous avez déjà effectué un premier débroussaillage-dégrossissage de la documentation, mais vous avez besoin, maintenant, d'en faire plus systématiquement le tour. Vous avez en effet besoin de bien explorer le terrain (intellectuel) sur lequel vous allez travailler: connaître ce qui a déjà été étudié, débattu, mis en avant; les thèses ou hypothèses proposées; les principales interprétations ou constructions théoriques. Pour cela, il faut faire le tour des principales publications existantes: articles, études ou rapports, thèses et travaux universitaires, ouvrages publiés.

D'où l'importance d'une première recherche bibliographique aussi sérieuse et exhaustive que possible. Deux démarches complémentaires s'offrent à vous: la remontée des filières bibliographiques et la recherche systématique.

∞ Remontée des filières et recherche systématique

La remontée des filières bibliographiques doit être pratiquée systématiquement. Vous partez des ouvrages, articles ou études les plus récents touchant à votre sujet; vous en étudiez les bibliographies, les sources, les auteurs cités, les débats évoqués, et vous notez les références de tous les ouvrages, articles, études qui vous paraissent intéressants. Le mieux est de travailler sur fiches (une fiche par titre) que vous classez au fur et à mesure par ordre alphabétique d'auteurs.

Cette démarche permet de ratisser très largement la documentation à partir des travaux existants. Et dans certains cas il se produit très rapidement un phénomène de boule de neige qu'on peut schématiser ainsi:

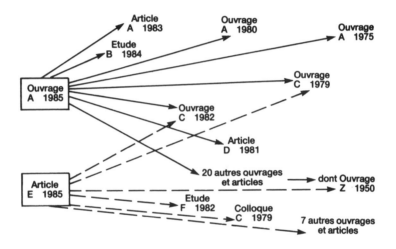

Ainsi le travail sur les bibliographies de l'ouvrage de A 1985 et de l'article de E 1985 «indiquent» l'existence de 37 ouvrages et articles. Il indique aussi que A et C paraissent avoir travaillé depuis plusieurs années sur le sujet; et que aussi bien A que E se réfèrent aux travaux de C et de Z... Autant d'indications que vous pourrez exploiter intelligemment.

Mais vous devez évidemment continuer en travaillant sur l'étude de B de 1984, l'ouvrage de C de 1982, etc. Vous pouvez ainsi, d'une part, arriver assez rapidement à une centaine d'ouvrages, articles et études repérés et fichés; et, d'autre part, cerner un certain nombre de publications qui sont très souvent citées et qui peuvent ainsi apparaître comme méritant tout particulièrement d'être regardées ou lues.

Mais cela ne doit pas vous empêcher de mener parallèlement une recherche systématique sur fichiers. Il s'agit ici d'utiliser les fichiers des bibliothèques et centres de documentation, quelle qu'en soit la forme (fiches, système de microfiches, interrogation informatisée). Vous avez donc à bien choisir les entrées (mots clés, descripteurs, vedettes-matières ou sujets) à partir desquelles vous effectuerez ces recherches: plus la question principale sera précise, mieux vous serez à même de sélectionner les entrées à partir desquelles s'effectuera votre recherche. (Nous traitons de banques de données et d'information plus loin dans ce chapitre.)

LA FILIÈRE DES CITATIONS

Les trois index de citations (*Social Sciences, Arts and Humanities, Science*) que vous trouverez dans toute bibliothèque universitaire constituent la façon la plus facile de remonter une filière bibliographique. Ces index ne sont pas faciles à déchiffrer, mais ils vous renseigneront sur tous les auteurs cités dans un article ou un livre donné ainsi que sur tous les articles et livres faisant référence à un auteur ou un article donné. Il vous suffit de connaître un nom ou un titre pour commencer votre recherche.

Ne vous découragez pas si à première vue vous ne comprenez rien à ces index. Ils ne sont pas faciles à décoder et en plus il faut de bons yeux. Mais la qualité de ces outils vaut bien un effort.

Pour quelque 100$, vous pouvez faire effectuer par un organisme spécialisé une recherche informatisée de même nature.

Renseignez-vous auprès de votre bibliothécaire.

Là encore, il est utile de réfléchir avant d'agir: et il est souvent très fructueux de prendre le temps nécessaire pour étudier le répertoire des vedettes-matières, le thesaurus, ou la classification maison avant de s'engager dans une recherche systématique des titres.

Insistons de nouveau sur le fait que les deux démarches sont complémentaires, puisqu'elles permettent deux ratissages croisés de la documentation existante: l'un «horizontal» par les filières bibliographiques, l'autre «vertical», par grands thèmes, à travers la recherche systématique par fichiers.

Nous recommandons volontiers l'utilisation de ces deux méthodes par séquences alternées; en commençant, par exemple, par le mot clé principal:

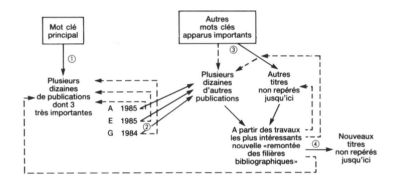

Dans ce schéma, les flèches en trait plein (——>) indiquent que la démarche utilisée, verticale (1, 3) ou horizontale (2, 4), permet de remplir de nouvelles fiches bibliographiques. Les flèches en pointillés (-------->) indiquent qu'à partir de la démarche 2, il y a forcément recoupement: on retrouve certains titres déjà repérés. Quand la proportion des titres que l'on retrouve ainsi devient très élevée, c'est signe qu'on commence à avoir vraiment fait le tour de l'exploration bibliographique.

Là encore, ce n'est pas difficile. Mais il faut de la méthode, donc de l'organisation, de l'intelligence, avec parfois une dose d'intuition, d'astuce... et surtout de la ténacité. Cette recherche bibliographique a obligatoirement quelque chose de fastidieux, surtout si on s'astreint — c'est un gain de temps pour l'avenir — à établir avec soin chaque fiche.

∽ Le travail sur livres et documents

Vous avez mené à bien votre recherche bibliographique; vous constatez l'importance, l'étendue, la diversité, la nature des matériaux sur lesquels vous aurez à travailler. Deux situations typiques se présentent avec, entre les deux, une multitude de situations intermédiaires.

Il n'y a presque rien sur le sujet que vous avez choisi

Armé de la question principale et de votre plan de travail, reprenez le travail de documentation: cherchez d'autres en-trées dans les fichiers matières ou les systèmes d'interrogation informatisée; s'il y a un livre, un article, un document qui paraît essentiel pour votre recherche, mais que vous n'avez pas encore consulté, faites des pieds et des mains pour l'obtenir et en prendre connaissance.

Et puis repartez des deux, trois, cinq travaux les plus importants (pour votre recherche) en élargissant progressi-vement votre travail à des ouvrages «moins importants... mais où vous pouvez trouver quelque chose», puis à des ouvrages «apparemment secondaires, mais que vous consul-tez par acquit de conscience...». On ne sait jamais. Au détour d'une référence vous pouvez peut-être découvrir l'article qui changera votre vie.

Vous êtes submergé par le nombre des ouvrages

Armé de votre question principale, vous êtes en mesure de faire le tri à partir du jugement que vous vous ferez en ayant l'ouvrage en main (jamais à partir du seul titre). Inventez-vous une grille d'évaluation.

Si vous ne faites pas ce tri ou si vous ne le respectez pas, vous courrez le risque de passer du temps sur des livres médiocres qui redisent mal ce que d'autres ont dit beaucoup mieux; ou celui de tomber beaucoup plus tard, parfois trop tard, sur *le* livre qui vous aurait fait gagner quelques mois. Vous ne pourrez alors vous en prendre qu'à vous-même.

EXEMPLE DE GRILLE D'ÉVALUATION

*****	Essentiel, à lire absolument en toute première priorité
****	Très important, à voir dès la première phase
***	À ne pas négliger, compte tenu de l'importance de l'auteur ou de l'école qu'il représente
***(qi)	À voir à une phase déterminée du travail, notamment pour telle question (qi)
**	À revoir plus tard, à la lumière de ce que j'aurai fait
**(qi)	À revoir plus tard, sur telle ou telle question (qi)
*	Éventuellement, s'il me reste du temps
*(qi)	Éventuellement, si je n'ai vraiment rien trouvé d'autre sur telle ou telle question (qi)

Une fois prise la mesure de la documentation et le tri fait, commencez le travail de lecture et de documentation en fonction de votre plan de travail et de vos priorités.

Ne lisez pas tout. Ne lisez pas comme une machine à lire. Là encore essayez de vous servir de votre intelligence. Servez-vous de votre question principale et des axes définis dans votre problématique. Certains longs développements, certains débats, secondaires par rapport à votre recherche, méritent simplement une fiche bibliographique avec une courte citation ou un commentaire, ce qui vous permettra, si nécessaire le moment venu, de retrouver l'article ou l'ouvrage qui en fait état. D'autres développements, d'autres débats, centraux par rapport à votre recherche, exigent que vous lisiez attentivement, crayon à la main, que vous rédigiez des résumés et noircissiez des fiches. (Si vous travaillez sur des livres d'une bibliothèque ou d'un centre de documentation, ne les crayonnez jamais. Mieux vaut acheter le livre ou faire des photocopies des passages essentiels. Vous pouvez alors faire ce que vous voulez sur la photocopie ou sur votre propre exemplaire.)

Comment savoir? demanderont certains. Si vous êtes de

ceux-là, commencez à vous faire du souci. Peut-être n'êtes vous pas à votre place. Car de toute évidence vous n'êtes pas capable de mener à bien ce travail de recherche. Autant en prendre conscience maintenant et arrêter. Mais il se peut aussi que votre sujet et votre question principale n'aient pas été suffisamment cernés et précisés. Il est urgent d'y retravailler.

❧ Le travail sur le terrain

Le travail sur le terrain peut prendre la forme d'une enquête sur une population restreinte ou sur un échantillon; d'une étude de cas (entreprise, exploitation agricole, agence administrative); d'une étude d'un problème dans le cadre d'un quartier, d'une entreprise; d'une observation participante dans un milieu particulier (usine, troupe de théâtre, coin de rue), etc.

Ce n'est pas le lieu ici d'envisager les différentes méthodologies à mettre en œuvre en fonction des disciplines de travail et des approches possibles. D'une manière très générale, il convient de souligner:

1. *La nécessité d'avoir soigneusement choisi et rigoureusement mis en œuvre sa méthode de travail.* Par exemple pour une enquête: mise au point d'un questionnaire provisoire, analyse de la population, échantillonnage, préenquête, choix de l'échantillon, enquête, dépouillement des questionnaires, traitement des résultats.

2. *L'importance d'avoir effectué une reconnaissance préalable du terrain et de s'être assuré de la «faisabilité» du travail.* Il est important, à cette occasion, de repérer les points d'appui possibles ou assurés, vos interlocuteurs privilégiés, les obstacles et les zones de résistance. Il est donc possible de dégager une stratégie d'approche du terrain, qui tienne compte des réalités et des difficultés à surmonter, sans entamer les caractères de scientificité du travail.

3. *L'importance d'une très grande rigueur dans la manière dont les résultats sont enregistrés, les notations prises, les entrevues menées et enregistrées.* Là encore, l'ordre, la précision, la discipline intellectuelle, le sens de l'organisation sont des qualités essentielles, indispensables à l'accomplissement d'un bon travail.

Il ne faut évidemment pas effectuer trop tardivement le travail sur le terrain. On serait alors à la merci d'éventuels retards et le moindre contretemps, le moindre délai, pourraient mettre en cause le calendrier prévu.

Mais il ne faut pas non plus aller trop tôt sur le terrain. Il est important d'avoir au préalable une très bonne connaissance de la question étudiée, des thèses ou hypothèses en présence, des zones déjà très largement explorées et des zones d'ombre. Il est important également d'avoir déjà dégagé sa propre ligne d'interprétation et ses principales hypothèses: comment sans cela établir un questionnaire d'enquête ou une grille d'analyse réellement utiles?

Pour que le travail sur le terrain soit fructueux, il faut donc que les choses soient mûres, et pour cela il faut bien choisir le moment: ni trop tard ni trop tôt.

∽ Bibliothèques, banques de données et ouvrages de référence

Il est probable que la bibliothèque centrale et les bibliothèques spécialisées de votre université pourront subvenir à tous vos besoins, surtout s'il s'agit d'une thèse de maîtrise. Au doctorat, ce n'est plus tout aussi évident. Il se peut que vous ayez à vous déplacer. Et même si vous n'en ressentez pas l'obligation, il n'est pas interdit, au gré d'un voyage, de jeter un coup d'œil sur les ressources «étrangères».

Les ressources documentaires dont vous disposez en France dépassent largement celles qui vous sont accessibles à Montréal ou ailleurs au Québec. Le contraire aurait été surprenant. Encore faut-il les trouver.

Si vous êtes en province, n'oubliez pas, en plus des bibliothèques universitaires, les bibliothèques des instituts et laboratoires de recherche spécialisés rattachés aux universités, le centre de documentation de la Chambre de commerce et d'industrie régionale, départementale ou locale, et l'observatoire économique régional dépendant de l'INSEE.

À Paris, le choix est plus large. Certaines bibliothèques sont particulièrement riches dans certaines disciplines. Il existe de multiples répertoires pour vous permettre de trouver la bibliothèque idéale: répertoires généraux, répertoires régionaux et spécialisés, etc.

On peut également consulter le Catalogue collectif national des publications périodiques. C'est un catalogue informatisé, accessible en ligne dans toutes les bibliothèques universitaires de la région parisienne et de province. Il recense les publications périodiques, avec l'état des collections des bibliothèques et centres de documentation faisant partie du réseau CCN.

Si, au Québec, les ressources documentaires sont moindres, elles restent quand même considérables. Diverses compagnies privées, des entreprises paragouvernementales ainsi que les divers ministères fédéraux et provinciaux ont en effet leurs propres réserves documentaires. Mais c'est naturellement du côté des bibliothèques universitaires, des Archives nationales, de la Bibliothèque nationale et des diverses bibliothèques municipales qu'on regardera d'abord.

Le *Répertoire des outils documentaires dans les centres de documentation et les bibliothèques spécialisées du Québec* décrit 267 bibliothèques. Tout y est. Consultez-le.

Les banques d'information existent déjà depuis une dizaine d'années. La majorité des pépins associés à leur mise en œuvre ont été éliminés. Il n'y a donc plus aucune crainte à y avoir. Ces banques ne peuvent remplacer une bonne stratégie de recherche bibliographique. Elles peuvent cependant vous faciliter la tâche.

Il existe quelques centaines de banques, chacune avec ses

caractéristiques propres. Mais la majorité sont accessibles à partir du bon vieux système des noms propres ou des mots clés. Pour avoir accès à ces banques, il faut ou posséder un ordinateur personnel ou passer par la bibliothèque universitaire. La première solution est évidemment la plus intéressante. Si vous possédez l'équipement nécessaire et n'avez pas objection à travailler la nuit (les tarifs y sont moins chers) vous pouvez interroger vous-même ces banques d'information. Il faudra cependant vous armer de patience car, malgré tout ce que l'on peut en dire, la révolution informatique n'est pas encore tout à fait au point.

Autrement, votre bibliothèque universitaire offre probablement un service équivalent — pas trop coûteux si vous savez ce que vous cherchez. Certes, au début vous allez y consacrer bon nombre d'heures. Peut-être aurez-vous même l'impression de perdre votre temps. Mais c'est un apprentissage qui par la suite vous sera peut-être plus utile que votre thèse!

La société québécoise IST Informathèque gère une multitude de banques d'information, y compris bon nombre de banques françaises et américaines. Leur catalogue est impressionnant et il est fort probable que c'est à travers le protocole d'IST Informathèque que vous pourrez avoir accès à la banque qui vous intéresse particulièrement.

La France dispose déjà de nombreuses banques d'information. IST Informathèque est le distributeur canadien exclusif des banques produites par Télésystème, le premier serveur européen. Il y en a plus d'une centaine . On y trouve même une banque de banques de données (CUADRA)[1].

---

1. En France, on utilisera l'un ou l'autre de ces trois guides de banques de données: *Banques de données du CNRS et de l'Université 1983*, CNRS-CDST, DMIST, 1983; GFPBBD (Groupement français des producteurs de banques et bases de données), *Annuaire des banques et bases de données françaises*, 1984; ANRT, *Répertoire des banques de données en conversationnel*, diffusion Lavoisier, 8ᵉ édition, 1985.

DEUX BANQUES BIEN SPÉCIALES

BADADUQ, c'est la banque de données à accès direct de l'Université du Québec. Elle comprend les monographies, livres, périodiques, documents audio-visuels de toutes les bibliothèques du réseau de l'Université du Québec. C'est l'endroit logique pour commencer une recherche.

HISCABEQ, pour sa part, c'est la bibliographie la plus complète sur l'histoire du Québec et du Canada. Continuellement mise à jour par l'Institut d'histoire de l'Amérique française, elle constitue un instrument précieux en histoire, en sociologie et en science politique. Accessible par terminal, la banque est aussi disponible dans un format relié.

Mais IST Informathèque n'est pas le seul courtier disponible. Plusieurs compagnies américaines et canadiennes offrent aussi l'accès à des banques. (DIALOG est le plus important courtier nord-américain grâce à quelque 300 banques différentes.) Les mêmes banques se retrouvent souvent chez plusieurs courtiers, à des prix différents. Consultez votre bibliothécaire. Il vous renseignera sur les tarifs et les meilleures stratégies d'interrogation.

Selon votre domaine de spécialisation et votre sujet de thèse, vous serez amené à utiliser telle ou telle banque. C'est normal. Mais la thématique et le prix ne sont pas les seuls critères qui doivent vous guider dans votre choix. Tenez compte des distinctions suivantes:

1. Il y a plusieurs types de banques (banques bibliographiques, index analytiques de journaux, répertoires d'événements, compilations de décisions juridiques, répertoires de produits ou d'entreprises, banques biographiques, etc.).

2. Certaines banques sont mises à jour annuellement, d'autres mensuellement.

3. Vérifiez l'envergure (nombre de notices) et la ventilation linguistique de la banque. Il n'y a rien de plus

enrageant que d'obtenir une bibliographie où la moitié des titres sont en russe ou en allemand (quand on ne connaît ni le russe ni l'allemand, bien sûr). Et ce d'autant plus que lorsqu'on demande une copie écrite de la recherche bibliographique, on reçoit une facture pour chaque notice!

4. Quelques banques contiennent des résumés (*abstracts*) des articles et livres. Elles vous éviteront des pertes de temps.

5. Quelques banques ultra-spécialisées vous seront peut-être plus utiles que les simples banques bibliographiques. C'est le cas des banques qui répertorient les thèses et les banques de critiques et recensions.

6. Certaines banques existent aussi sous forme imprimée (revues ou livres) (*Sociological Abstracts*). Il est souvent plus facile de s'y référer directement que de passer des heures devant son terminal.

Mais ces nouvelles technologies de l'information cachent un piège, celui de penser que rien ne peut être entrepris avant d'avoir entre les mains une bibliographie exhaustive sur le sujet. Méfiez-vous si la «bibliographite» vous attrape, vous risquez d'y passer toutes vos énergies... et passablement d'argent!

La consultation de banques de données informatisées a quelque chose d'impersonnel qui pourra en rebuter plusieurs. On peut prévoir que d'ici 1995 ces banques auront été intégrées, ce qui en facilitera d'autant la consultation. D'ici là on se sera entendu sur des protocoles de collecte et de traitement de l'information. Jusqu'à présent, on s'est contenté de «mettre sur ordinateur» des informations (données, bibliographies) que l'on continue par ailleurs de recueillir selon les méthodes traditionnelles. Il faudra donc vous résigner à utiliser plusieurs banques si vous voulez que votre recherche porte. Mais peut-être n'avez-vous ni le temps ni l'intérêt de vous mettre à l'heure de l'électronique. Consolez-vous, il existe des centaines de guides, dictionnaires, recueils, encyclopédies et index susceptibles de vous être utiles. Tous ont été compilés selon les méthodes bibliographiques les plus classiques. Et ils ont le triple avantage d'être gratuits, faciles d'accès et utilisables à volonté.

Allez flâner dans la section de votre bibliothèque où sont rangés ces livres. Feuilletez-en quelques-uns au hasard. Peut-être n'y trouverez-vous rien d'utilisable immédiatement. Ce n'est que plus tard que cet investissement de quelques heures vous rapportera. Rédiger une thèse, ce n'est pas seulement apprendre à trouver l'information dont on a besoin, c'est aussi savoir où se trouve l'information dont on n'a pas encore besoin.

Les bibliothèques universitaires publient régulièrement des «guides de références» qui vous seront très utiles pour organiser vos flâneries.

8

LE TRAVAIL DANS LA TÊTE
ET SUR PAPIER

Au fur et à mesure que s'effectue le travail (sur livres et documents, sur matériaux bruts, sur le terrain, sur machine), les choses mûrissent dans votre tête. Des idées vous viennent ou des hypothèses; des pistes de recherche ou des pistes d'interprétation. Notez-les chaque fois sur une feuille ou une fiche différente (elles trouveront plus tard leur place dans des chemises différentes). Éventuellement, datez la fiche, et indiquez d'où vient l'idée: «discussion avec...», «lecture de...», «séminaire de x»...

De même notez les idées de titres (de parties ou de chapitres), les ébauches de plan et les nouvelles formulations d'idées-forces qui vous viennent (pour la thèse, une partie ou un chapitre). Notez aussi les questions, les objections, les points à vérifier — et chaque fois, encore, sur une feuille ou une fiche différente. Il faut bien comprendre que jamais vous n'aurez en tête l'ensemble formulé et cohérent du texte de votre thèse; que les idées, les formulations qui «passent dans la tête» risquent de s'envoler, seules celles qui ont été écrites restent; que, pas plus que Paris, aucune thèse ne s'est jamais faite en un jour. Les notes que vous prenez, les idées, les formulations que vous fixez sur le papier sont des matériaux, dont certains, on ne sait pas toujours lesquels, vous seront d'une extrême utilité à un moment ou un autre de l'élaboration ou de la rédaction de votre thèse.

Et puis, vient un moment où vous avez lu et analysé l'ensemble ou l'essentiel de ce que vous deviez voir pour la thèse. Vous avez mené l'étude sur le terrain et avez rassemblé la documentation nécessaire; vous avez dépouillé, étudié l'ensemble des informations disponibles. Vous avez fait le tour du champ que vous aviez à traiter; vous avez des réponses, ou des éléments de réponses, aux questions que vous vous posiez; et vous vous posez de nouvelles questions. Votre grille d'analyse s'est renforcée et des temps forts de votre démonstration sont déjà en place: vous en avez déjà rédigé des éléments. Votre construction théorique, votre système d'interprétation et d'explication a pris du corps et vous paraît solide..., même si vous voyez de multiples points à vérifier ou à creuser.

Certains sont tentés de s'engager sur de nouvelles pistes — en fait de nouvelles thèses. D'autres sont submergés par l'ampleur de la documentation ou découragés par le caractère contradictoire, incompatible des explications en présence ou des éléments rassemblés; d'autres encore sont tentés de poursuivre la fouille, d'aller vérifier des points secondaires ou sans importance — perfectionnisme ou fuite en avant. Quelques-uns sont sûrs de leur fait et contents d'eux-mêmes, mais ce sont rarement ceux qui feront les meilleures thèses.

Il n'empêche: le moment est venu d'entreprendre la première rédaction d'ensemble. Mais pour le faire utilement, encore faut-il avoir préparé et adopté le plan de rédaction: la structure de la démonstration qui va porter la matière de la thèse.

∽ De la problématique I à la problématique II

Beaucoup, ici, vont devoir faire un effort sur eux-mêmes. En effet, à ce stade, il est souvent nécessaire d'opérer une mue, une mutation: vous étiez engagé dans un processus de recherche, vous allez vous engager dans la phase de l'exposition des résultats.

Au cours du travail, votre problématique s'est structurée, renforcée, affinée: vous êtes donc en mesure de produire une nouvelle version de votre problématique: la problématique II qui comporte *la question principale,* souvent mieux formulée, plus complète, plus forte, plus claire, qu'au départ; *l'idée directrice,* qui doit répondre à cette question et va sous-tendre l'ensemble du mouvement de la thèse; *l'ébauche du raisonnement* à travers laquelle sera développée, étayée, démontrée l'idée directrice, et qui va justifier le choix et la succession des parties, dont chacune doit être portée par une idée-force; et *le plan de rédaction* avec une première mise en place des parties et des chapitres, le plus souvent avec des titres provisoires, indicatifs, qui pourront, au fur et à mesure de la rédaction, être améliorés.

Le plus souvent, la problématique I, à travers les mûrissements, finit par générer la problématique II. La principale difficulté, et elle est de taille, réside dans le passage du plan de travail (ou plan de recherche) au plan de rédaction. Le plus souvent, ce sont deux plans différents, qui obéissent à deux logiques différentes.

Le plan de travail permettait, en fonction de votre problématique de départ, de vos hypothèses, de la démarche adoptée, d'organiser les différentes étapes de votre travail d'investigation. Le plan de rédaction, lui, doit structurer les différentes étapes de l'exposition de la thèse: il doit «armer» le raisonnement qui va sous-tendre l'ensemble du texte que vous allez rédiger. Car votre thèse doit, autant que possible, être la démonstration construite de l'idée directrice que vous avez dégagée en réponse à la question principale élaborée à partir de votre sujet.

Mais certains sont tellement prisonniers de leur plan de travail qu'ils ne voient pas d'autre traitement possible de leur sujet que celui qu'ils avaient adopté au tout début de leur travail. Or il est bien rare que le plan de recherche, le plan d'investigation, fasse un bon plan de rédaction et d'exposition.

Faisons un parallèle. Un auteur de roman policier, dans

une phase préparatoire, qui correspond pour la thèse à la phase d'investigation, va mettre en place la trame, nouer l'intrigue, imaginer le personnage principal, concevoir les fausses pistes, les éléments du suspense. Cela correspond, *grosso modo*, à la période de recherche.

Mais publier sous cette forme-là les éléments du roman ne fait pas un roman policier. De même publier, sous cette forme, les éléments de votre recherche, ne fait pas une thèse, mais, au mieux, un «dossier».

L'auteur de roman policier doit reprendre l'ensemble, le mettre en place, le mettre en scène dans un récit construit qui à la fois crée l'intérêt, retienne l'attention, prépare les rebondissements, tout en faisant progresser l'information et la compréhension du lecteur. De même, vous avez à concevoir une démarche de rédaction qui capte l'intérêt de votre lecteur (sujet, question principale), de lui proposer un guide, un axe d'interprétation (idée directrice) que le texte de la thèse permettra, par étapes, de faire ressortir, de mettre en relief, d'étayer et, finalement, de démontrer d'une manière aussi convaincante que possible (idées-forces des différentes parties et des différents chapitres).

De toute façon, avant d'engager le travail de rédaction, chacun doit — pour sa propre gouverne comme pour obtenir le feu vert de son directeur — rédiger la problématique II et la soumettre au directeur et aux membres du comité de lecture, si ce dernier a déjà été constitué. Leurs critiques, remarques et suggestions doivent permettre de l'améliorer de manière à permettre d'obtenir le «feu vert» pour la première rédaction d'ensemble.

⌦ Le plan de rédaction

Insistons, puisque l'expérience a montré que c'est nécessaire. Aucun menuisier ne se lance dans la construction d'un rayonnage ou d'un agencement intérieur, sans avoir, dans sa tête ou sur le papier, le plan de ce qu'il veut faire. Aucun architecte n'entreprend les travaux de construction d'une maison sans avoir les plans détaillés, cohérents, avec des cotes précises. Aucun étudiant ne devrait commencer la rédaction d'une thèse sans avoir construit le plan de rédaction et de l'avoir soumis à son directeur de thèse. Ce plan, avons-nous dit, doit structurer la démonstration qui portera la thèse: démonstration de l'idée-force dégagée en réponse à la question principale posée. Prenons le risque de proposer deux exemples.

Exemple 1

Sujet: La place de la Zanubie dans le système économique mondial.

- **Question principale**: Compte tenu de la voie de modernisation choisie, la Zanubie ne se trouve-t-elle pas maintenant dans une situation de spécialisation dépendante?

- **Plan de travail**: Il s'agit d'analyser le processus de modernisation et de spécialisation dépendante

    1. dans l'agriculture:
        - modernisation agricole
        - spécialisations agricoles
        - évolution des cultures vivrières
        - structures sociales
        - exode rural

    2. dans l'industrie:
        - mines
        - industries de transformation
        - technologies et transferts de technologies
        - financement et endettement

    3. dans le secteur tertiaire:
        - tourisme
        - transports maritimes et aériens
        - banque – assurance
        - administration

    4. dans l'émigration.

Beaucoup d'étudiants seraient tentés de reprendre ce plan de travail comme plan de rédaction, avec quatre parties (Agriculture, Industries manufacturières, Tourisme et Émigration) dans la mesure où les secteurs retenus permettent d'analyser le mieux la «spécialisation dépendante» de la Zanubie. Mais ce serait une erreur, car ce plan n'avait d'autre

81

but que de permettre de ramasser le matériel. Il permettait d'aborder la réalité. Il s'agit maintenant de l'expliquer.

En fait le passage au plan de rédaction, sur la base de l'idée principale, doit permettre une véritable dynamisation du texte, un mouvement de pensée. Ce plan tient évidemment compte de ce que le travail sur le terrain aura permis de couvrir. Il se peut même que vous décidiez de laisser tomber entièrement une section. Le plan de rédaction pourrait se présenter de la manière que voici:

- **Question principale**: Le double choix de la modernisation accélérée et de la spécialisation pour l'exportation n'a-t-il pas enfermé la Zanubie dans une dépendance durable?

- **Idée directrice**: La dépendance résulte non seulement directement du choix de la spécialisation pour l'exportation, mais aussi des effets et des retombées indirects de ces choix: d'où une situation de dépendance dont il est aujourd'hui extrêmement difficile de sortir.

- **Plan de rédaction**:

  Introduction générale

  1re partie: Une triple spécialisation en position dépendante
  Introduction
  Chapitre I   — Agriculture
  Chapitre II   — Industries manufacturières
  Chapitre III   — L'option pour le tourisme international
  Conclusion

  2e partie: De nouvelles formes de dépendance
  Introduction
  Chap. IV   — Le problème de la dépendance alimentaire
  Chap. V   — La nécessité de l'émigration
  Chap. VI   — L'engrenage de l'endettement extérieur
  Conclusion

  3e partie: Les voies difficiles d'une autonomie à reconquérir
  Introduction
  Chap. VII   — L'échec de la brève tentative
                    d'intégration régionale (1972-1975)
  Chap. VIII   — La perspective du développement
                    auto-centré: mythes, difficultés et possibilités
  Conclusion

  Conclusion générale

Ce plan, évidemment, est bien loin d'être parfait, ses titres de parties et de chapitres sont provisoires. Il doit être soumis au directeur et aux autres lecteurs pour être amélioré. Il pourra aussi être amendé en cours de rédaction.

Exemple 2

Sujet: La politique économique du gouvernement péquiste (1976-1984)

- **Question principale:** N'y a-t-il pas eu, dans l'évolution du gouvernement du Parti québécois, basculement d'une politique sociale-démocrate (justice sociale, lutte contre le chômage, concertation) à une politique dominée par des thèmes carrément conservateurs (ouverture sur l'extérieur et compétitivité, modernisation, éloge de l'entrepreneurship)?

- **Plan de travail:**

  1. La première politique péquiste 1976-1981
     - les tentatives de concertation économique et sociale
     - les initiatives fiscales: régime d'épargne-retraite
     - la lutte contre le chômage
     - le développement régional

  2. 1982-1984: changement ou continuité?
     - les compressions budgétaires de 1982
     - les négociations dans le secteur public
     - le plan de relance de 1983

  3. Une nouvelle politique économique?
     - la priorité de la modernisation des secteurs mous
     - ouverture sur l'extérieur et compétitivité
     - le soutien aux entreprises et à l'entrepreneurship

Là encore, beaucoup pourraient être tentés de conserver ce plan de travail comme plan de rédaction. Cela permettrait d'exposer, dans un ordre presque chronologique, l'essentiel de la matière, avec l'idée qu'il y aurait eu un changement de politique économique. Mais ce plan ne permet pas d'aller au fond des choses pour expliquer ce changement. Une fois le travail sur le terrain terminé, on peut facilement envisager une nouvelle problématique. Le plan de rédaction devrait plutôt ressembler à ceci:

- **Question principale**: En quoi la politique économique menée sous le gouvernement péquiste a-t-elle été une politique social-démocrate?

- **Idée directrice**: La politique économique du gouvernement péquiste traduit indéniablement une fidélité à certaines orientations social-démocrates; mais elle a dû, à cause de l'absence de marge de manœuvre, reprendre à son compte des objectifs que le Parti québécois, dans l'opposition, avait sous-estimés ou critiqués.

- **Plan de rédaction**:

  Introduction générale: Le PQ et la social-démocratie

  1 re partie: Fidélité aux objectifs sociaux-démocrates
  Chap. I   — Le choix de la justice sociale
  Chap. II   — La lutte contre le chômage
  Chap. III   — La volonté de concertation
  Chap. IV   — Les nouveaux droits des travailleurs

  2 e partie: Le changement de priorités
  Chap. V   — De la rigueur à l'austérité: 1981-1983
  Chap. VI   — Ouverture sur l'extérieur et compétitivité
  Chap. VII   — Priorité de la modernisation:
                soutien aux entreprises

  3 e partie: Le poids des contraintes
  Chap. VIII — La contrainte fédérale et l'échec du référendum
  Chap. IX   — Les corporatismes syndicaux
  Chap. X   — L'usure du pouvoir

  Conclusion générale

Ici aussi on est loin de la perfection. Pour l'instant, la principale qualité de ce plan est d'exister. C'est déjà beaucoup. Il ne s'agit pas ici de proposer des «corrigés». Il s'agit simplement d'illustrer une démarche. L'essentiel réside en deux propositions:

1. Le plus souvent, un bon plan de travail (de recherche) ne fait pas un bon plan de rédaction (d'exposition). Et

il faut faire un effort (parfois se faire violence) pour se détacher du premier et concevoir le second.

2. Un bon plan de rédaction est celui qui permet à l'idée directrice (celle qui répond à la question principale) de se développer à travers les différentes étapes d'un mouvement de pensée, d'une démonstration; c'est celui qui se développe, s'épanouit avec les idées-forces des différentes parties et des chapitres.

9

LA RÉDACTION

Vous avez derrière vous six mois, un an, deux ans de recherche sur votre sujet. Vous avez réuni une importante documentation. Vous voyez bien l'idée principale que vous voulez démontrer. Vous avez donc pu rédiger la problématique II et le plan de rédaction. Et vous avez, sur cette base, le feu vert de votre directeur. Il n'y a plus qu'à rédiger. Ce n'est pas sorcier. Mais là encore, c'est un *travail* qui exige une *méthode*.

D'abord, il faut du temps (personne n'a jamais rédigé une thèse en quelques jours ou quelques semaines); à raison de trois à cinq pages par jour, en ne faisant que ça, en ne butant sur aucun obstacle et en ne subissant aucune interruption, il vous faudrait une centaine de jours pour une thèse de doctorat. Ensuite, il faut de l'organisation (une thèse n'est ni un recueil de poèmes, ni un pamphlet): l'improvisation, l'inspiration ou la conviction ne suffisent pas; l'exposition doit être ordonnée, la matière bien classée, les références précises, les raisonnements bien enchaînés, les arguments utilisés au meilleur endroit.

Il existe certainement plusieurs méthodes; mais probablement chacun doit inventer la sienne. Pour ceux qui sont désemparés devant l'ampleur de la documentation et la difficulté de la rédaction, voici une façon de procéder éprouvée qui permettra à tous ceux qui ont un bon plan de rédaction, qui ont rassemblé les matériaux nécessaires et qui savent rédiger trois pages cohérentes, de rédiger les cent pages de la thèse de maîtrise et même les trois ou quatre cents pages de la thèse de doctorat.

❧ La préparation du matériel

D'abord, il faudra passer quelques jours, vraisemblablement entre huit et quinze, à *reclasser toute la documentation en fonction du plan de rédaction.*

Matériellement, vous ouvrez autant de chemises qu'il y a de chapitres. Ouvrir aussi des chemises pour l'introduction générale et la conclusion générale; et une chemise «non classé» pour ce qui n'entre dans aucun des chapitres prévus. Et vous commencez, calmement, tranquillement, patiemment, à reprendre fiche par fiche, feuille par feuille, l'ensemble de la documentation. Vous en reprenez connaissance et vous mettez chaque fiche, chaque feuille, dans la chemise du chapitre concerné.

Il peut arriver qu'une même fiche concerne deux chapitres différents. Vous l'inscrivez alors sur la fiche et, ou bien vous la mettez dans la chemise de tel chapitre en sachant que vous la mettrez, après rédaction de ce chapitre, dans la chemise de tel autre chapitre, ou bien vous en faites une photocopie (ou une fiche de renvoi) que vous mettez dans la chemise de ce second chapitre.

En faisant ce classement, de nouvelles idées vous viennent à l'esprit, ou de nouvelles formulations, ou de nouvelles possibilités de titres: vous les inscrivez sur une feuille (ou une fiche), et vous la classez dans la bonne chemise. Ce travail a quelque chose de fastidieux. Mais il est indispensable. C'est le travail «d'artisan intellectuel». De la même manière, un menuisier, avant de commencer un montage, range et classe ses planches; de même un carreleur, ses carreaux, avant de les poser.

Prenez le temps nécessaire. Et si la lassitude vous gagne, allez donc prendre l'air ou flâner à la bibliothèque.

Une fois la documentation rangée, deux situations sont possibles:

1. Les chemises sont remplies d'une manière assez équilibrée. Et la chemise «non classé» ne comporte rien d'important. C'est bon signe. Vous allez pouvoir vous attaquer au chapitre I.

2. Les chemises sont remplies d'une façon peu équilibrée. Quelques-unes sont épaisses, d'autres sont anormalement minces et la chemise «non classé» est grasse. Avant d'en tirer des conclusions, il faut analyser.

Pour les chemises trop épaisses, toute la documentation qu'elles contiennent est-elle vraiment intéressante? Si tel n'est pas le cas, ce n'est pas grave: il y aura simplement un tri à faire lors de la rédaction du chapitre. Mais si tel est le cas, il y a un problème: le chapitre doit-il être dédoublé? Une partie de ce qui devait y être traité peut-elle être placée à un autre endroit du raisonnement? Faut-il réaménager le plan?

Pour les chemises trop minces, il y a trois possibilités principales: ou bien ces chapitres peuvent être nourris par de la matière qui est à prendre dans «une chemise trop épaisse»: donc rien de grave; ou bien les matériaux pour traiter ces chapitres sont insuffisants: il faudra donc prévoir un travail supplémentaire de recherche et de documentation; ou bien encore ces chapitres sont des «coquilles vides»: en fait, vous n'avez rien de bien important à dire; certes ça «faisait bien», ça «cadrait bien» de les mettre dans le plan; mais vous aurez beau reprendre vos lectures et vous creuser la tête, vous ne pensez pas être en mesure de trouver de quoi les «nourrir». Autant les supprimer. Cette situation de «coquille vide» concerne souvent le dernier chapitre: ce qu'on prévoyait y mettre — et qui en aurait fait un chapitre insuffisant, trop léger — pourra, dans ce cas, nourrir utilement la conclusion générale...

Pour la chemise «non classé» trop grosse, là encore, plusieurs possibilités. Vous êtes d'un naturel anxieux, et vous avez pris beaucoup trop de notes sur des questions secondaires et sans intérêt pour vous; à moins que vous n'ayez cédé à la facilité en rassemblant beaucoup de documentation dans un domaine où elle était abondante... mais sans grande utilité pour votre thèse; ou bien vous avez cru, à un moment, devoir traiter telle ou telle question... mais finalement ça n'entre plus dans votre plan de rédaction. Dans tous ces cas, rien de grave; mettez votre chemise dans un coin; elle pourra vous servir un jour.

Autre explication, il y a dans la chemise des notes et de la matière qui concernent le sujet de votre thèse, qui vous paraissent importantes, mais que vous n'arrivez pas à caser dans votre actuel plan de rédaction. Prenez alors le temps de réfléchir: cherchez comment ces points pourraient être réintégrés dans votre mouvement de pensée. Ne «forcez» pas votre plan pour les faire entrer. Mais cherchez à l'enrichir, à le renforcer, à élargir telle ou telle démonstration.

Il se peut enfin qu'il y ait, dans la chemise, un fatras, un mélange de choses sans importance et de matériaux qui doivent trouver place dans votre thèse. Prenez le temps de faire un nouveau tri de cette chemise en mettant à part ce qui ne vous paraît en tout état de cause non utile pour votre thèse, et en essayant de recaser, dans tel ou tel chapitre, à tel ou tel stade de la démonstration, les matériaux qui vous paraissent les plus importants.

Ainsi, ce travail de préparation des matériaux pour la rédaction constitue un double test: il permet de tester la documentation que vous avez rassemblée à la lumière de votre plan de rédaction et de déceler les plus gros «trous» qui peuvent subsister dans votre documentation; il permet également de tester votre plan de rédaction à la lumière de la documentation que vous avez rassemblée, de repérer les chapitres trop chargés ou ceux qui risquent de demeurer des coquilles vides.

Si (après avoir rédigé la problématique II et reçu l'accord de votre directeur de thèse) vous avez passé favorablement ce double test, vous pouvez vous attaquer tranquillement à la rédaction, d'autant plus que les matériaux sont tous prêts: la thèse est «prête à rédiger». Vous le voyez: ça vaut vraiment la peine de passer huit ou quinze jours à reclasser l'ensemble de vos matériaux en fonction de votre plan de rédaction...

↦ Le fil conducteur

La rédaction de toute thèse, de toute étude scientifique, implique que soient surmontées deux contradictions. La première est que l'on doit, avec un discours linéaire, unidimensionnel, rendre compte d'une réalité multiple, complexe, agissant à plusieurs niveaux: d'où l'importance d'un plan de rédaction bien construit et permettant de rendre compte d'une réalité dans toute son «épaisseur».

La seconde est qu'il est difficile d'écrire régulièrement plus de cinq ou six pages par jour et qu'il est souhaitable que l'ensemble de la thèse soit cohérent et donne l'impression de «couler de source»: d'où l'importance de l'idée directrice et du mouvement de pensée qui doit porter l'ensemble de la thèse.

Pour aider à surmonter l'une et l'autre difficulté, un petit truc: prenez un grand carton que vous placerez en bonne position sur votre bureau, après avoir écrit dessus le sujet, l'idée directrice, et le minimum de plan pour garder en tête le mouvement de pensée, de cette manière:

La politique économique du gouvernement péquiste 1976
En quoi a-t-elle été une politique sociale-démocrate?

I. Fidélité aux objectifs sociaux-démocrates
   a) les initiatives fiscales
   b) les politiques sociales
   c) la concertation

II. Le changement de priorités
   a) la lecture de l'environnement
   b) les acquis des réformes
   c) le changement d'équipe

III. Le poids des contraintes
  a) le poids du fédéralisme
  b) les faiblesses structurelles
  c) les initiatives de reprise

Tout est alors simple. Si une nouvelle information, si une phrase ou un paragraphe que vous êtes à écrire ne cadre pas dans le plan de ce carton-discipline, alors rejetez-les.

Carton ou pas, l'essentiel réside en ceci que, tout au cours de votre rédaction, vous aurez des arbitrages à faire: faut-il ou non traiter de cette question? Faut-il ou non développer ce point? Tout au cours de votre rédaction, vous aurez à éviter des dérives, des digressions; vous serez entraîné à développer un sujet intéressant en lui-même, mais secondaire par rapport à votre thèse. Et à chaque fois vous devez impérativement vous raccrocher à l'idée directrice, au mouvement de pensée, au raisonnement que vous avez choisi de développer.

Là, et là seulement, réside la clé des réponses aux questions que vous vous poserez:
  —ce développement n'apporte rien à mon raisonnement, je le laisse de côté;
  —ce point est important pour ma démonstration, je le développe;
  —ce dossier, ce débat est marginal par rapport à mon idée directrice, je ne fais que l'évoquer (même si j'ai rassemblé beaucoup de matière);
  —cet argument est essentiel, et je n'ai pas assez d'éléments pour le développer: il faut que j'y retravaille.

L'idée directrice doit vous aider à garder le cap (jour après jour, semaine après semaine) et à faire le tri (chaque jour), dans la matière que vous utilisez pour votre rédaction.

Concrètement, comment organiser la rédaction? Chacun a ses méthodes, ses manières, ses facilités et ses blocages... L'essentiel consiste à décomposer la tâche... sans perdre le fil conducteur. Or, répétons-le, nul n'a jamais eu sa thèse tout entière écrite dans sa tête. Alors le plus simple est de prendre

92

chapitre par chapitre. Commençons — pourquoi pas? — par le chapitre 1. Prenons la chemise du chapitre 1 et ne pensons plus qu'à deux choses: le contenu de ce chapitre et sa place dans le mouvement général de pensée. En fonction de ces deux éléments, et en fonction de la matière rassemblée (il est bon de bien s'être imprégné du dossier), il convient, peu à peu, de dégager l'idée-force du chapitre, de mettre en place le mouvement de pensée qui l'anime et de construire peu à peu son plan. En voici un exemple (thèse sur la politique économique du PQ):

1. **Idée-force**: cette politique est d'abord social-démocrate en raison des nombreuses mesures visant à renforcer, ou sauvegarder, la justice sociale;

2. **Mouvement de pensée:** au-delà de l'important train de mesures sociales prises en 1977-1980, cette attitude a été maintenue tant à travers les mesures prises en faveur des catégories les plus défavorisées qu'à travers la politique fiscale et para-fiscale;

3. **Plan de rédaction du chapitre:**

Introduction

Section I — Le train de mesures 1977-1980
1.Les grandes mesures: assurance-automobile, soins dentaires
2.La revalorisation des allocations familiales

Section II — Le soutien aux catégories les plus défavorisées
1.Le salaire minimum et l'aide sociale
2.Les mesures d'aide à la famille: garderies, habitation

Section III — La politique fiscale et para-fiscale
1.L'alourdissement des prélèvements sur les revenus élevés
2.Le régime d'épargne-actions et les crédits d'impôt

Conclusion

Ce plan, bien sûr, doit être revu, corrigé, amélioré et, lorsque vous arrivez à un plan de rédaction du chapitre qui vous convient, vous pouvez vous mettre à préparer les matériaux pour la rédaction du chapitre 1.

Concrètement, vous prenez la chemise du chapitre 1 et vous ouvrez autant de sous-chemises qu'il y a de paragraphes, avec bien sûr, une sous-chemise «non classé»... Et vous recommencez pour ce chapitre 1 exactement comme vous avez fait pour l'ensemble de la thèse. Vous classez vos matériaux du chapitre dans les sous-chemises des différents paragraphes. Et vous procédez au double test de votre documentation du chapitre à la lumière du plan de rédaction; et du plan de rédaction à la lumière de la documentation rassemblée.

Prenez alors la sous-chemise du paragraphe 1 de la section 1 du chapitre 1. Et oubliez tout le reste. Plongez-vous dans les documents et les fiches qui sont dans cette sous-chemise; imprégnez-vous du sujet: «Les grandes mesures: assurance-automobile...» Examinez-le sous tous ses angles; appréciez-en l'importance, la signification; examinez les différents commentaires qui en ont été faits. Laissez mijoter un peu le tout dans votre tête jusqu'au moment où vous avez dégagé l'idée-force, le mouvement de pensée et le plan de rédaction du paragraphe.

Dès que vous y voyez clair, reprenez votre sous-chemise «Ch. 1, S. 1, par. 1» et reclassez la documentation en fonction du plan de rédaction. Vous vérifiez ainsi que tout colle bien: la documentation par rapport au plan de rédaction, et inversement. Si tout colle bien, vous pouvez commencer à rédiger. Et normalement vous devez rédiger d'une traite, en un jour ou deux, ce premier paragraphe de votre thèse.

Mais attention: gardez le sens des proportions. Si votre thèse a dix chapitres et chaque chapitre en moyenne six paragraphes, cela fait soixante paragraphes: soit environ cinq pages par paragraphe (disons entre trois ou quatre et six ou sept pages). Évitez donc de faire trop court (une ou deux pages) comme de vous étendre (quinze à vingt pages). Et quand vous aurez terminé la rédaction du premier paragraphe, laissez dans la sous-chemise tous les documents et les fiches utilisés. Et écrivez sur la sous-chemise «utilisé».

Quant aux documents et fiches non utilisés, voyez s'ils pourront vous être utiles dans un paragraphe ou un chapitre ultérieur... Si oui, reclassez-les. Sinon, ouvrez une autre chemise «Ch. 1, non utilisé». Et surtout n'essayez pas de tout faire rentrer, de tout utiliser, ce serait de l'énergie gaspillée car il vous faudra plus tard couper ces paragraphes additionnels.

Cela fait, vous pouvez vous occuper du paragraphe 2 de la section 1 du chapitre 1... Comme vous le voyez, avec une idée directrice, un bon plan de rédaction, une bonne documentation, le sens de l'organisation — et si vous savez rédiger cinq pages cohérentes —, vous pouvez, avec de l'obstination et du courage, venir à bout de la rédaction de votre thèse.

Deux remarques pour terminer cette question. D'abord, la démarche proposée distingue nettement la séquence de la recherche et celle de la rédaction:

Problématique I	Travail	Problématique II	Travail
	————————>		————————>
et plan de travail	de recherche	et plan de rédaction	de rédaction

C'est à nos yeux la méthode la plus sûre, pour l'étudiant comme pour le directeur de recherche. Cependant, dans certains cas, il peut y avoir une certaine souplesse: par exemple, si l'étudiant maîtrise bien la matière de la première partie, on peut alors avoir la démarche suivante:

Problématique I	Travail	Problématique II	Rédaction de	
			—————>	
	————————>		la première partie	
			Poursuite du	Rédaction
et plan	de recherche	et plan de	—————>	—————>
de travail		rédaction	travail de	des parties
			recherche	II et III

On peut imaginer d'autres combinaisons, mais la plus simple, la plus logique, est sûrement la meilleure. D'autre part, au lieu de rédiger d'une seule traite en cherchant à intégrer autant que possible la matière disponible, certains préfèrent procéder par «mises en place» progressives et successives du texte. Chacun doit tenir compte de ses préférences et de ses capacités.

10
LA PRÉSENTATION
DE STATISTIQUES

Avec le développement des techniques quantitatives et l'utilisation croissante de l'informatique, le traitement systématique des matériaux est devenu chose fréquente: analyse statistique des résultats d'enquête, modèles économétriques, recherche de corrélations, analyse de données, du discours, des réseaux, etc.

Chaque méthode, là encore, a des règles qu'il faut respecter et des limites qu'il faut connaître. Mais surtout, il convient de garder à la fois le minimum nécessaire de bon sens et de sens critique. Ainsi, on évitera de mettre en œuvre une méthodologie excessivement sophistiquée pour répondre à une question grossière (pas besoin d'un microscope électronique extrêmement puissant pour voir s'il y a de la poussière sur une table). Il faut avoir à l'esprit également que toute méthodologie ne vaut que par rapport à la problématique dans laquelle elle s'insère: une contribution quantitative ou analytique systématique peut parfaitement s'insérer dans un travail de thèse; mais elle peut aussi être «à côté de la plaque» et apparaître comme une excroissance inutile et encombrante. Enfin, tout travail statistique, mathématique ou analytique tire sa force de la qualité des matériaux auxquels on l'applique: des matériaux incertains, ou fragmentaires, affaibliront la recherche s'ils sont utilisés sans le discernement nécessaire.

Avant de recourir à un traitement informatique[1] il faut en évaluer lucidement l'opportunité et le rendement. Inutile de faire appel à lui si un ensemble de données (tableaux statistiques, suite chronologique, résultats d'enquête...) n'est soumis qu'à une seule exploitation simple. Vous passeriez plus de temps à saisir les données, à les contrôler et à écrire le programme (ou mettre en œuvre le logiciel) qu'à faire le travail à la main. Un seul tableau statistique inséré sans avertissement au milieu d'un chapitre ne peut que soulever les soupçons du lecteur. Il se demandera invariablement où sont passés les autres.

Si vous optez pour un traitement informatique, évitez à tout prix des exploitations tous azimuts, «pour voir». Avant de commencer le traitement, déterminez précisément et de la façon la plus circonscrite possible les informations que vous allez «sortir» de votre ensemble de données: faire autrement serait s'exposer à s'ensevelir sous le papier. Contrôlez l'exactitude du programme (avec un jeu de données): il ne suffit pas que le programme «marche» pour qu'il soit bon; utilisez de préférence les programmes de traitement de données déjà vérifiés (SPSS, OSIRIS, SAS); vérifiez vos données, plutôt deux fois qu'une; et identifiez de façon complète, pour chaque exploitation réalisée, l'ensemble des données traitées, le programme utilisé et, si nécessaire, la version de ce programme. Là encore, intelligence, bon sens, esprit critique et contrôle de la qualité (des données et des programmes) doivent présider à votre travail.

L'utilisation raisonnée des statistiques relève du grand art. Vous aurez beau avoir suivi tous les séminaires de méthodologie et parcouru tous les manuels, il n'y a rien comme de regarder de près comment les autres ont fait. Alors, si vous avez l'intention de faire une thèse quantitative, feuilletez les

---

1. Remerciements à Jean Freyss, maître-assistant à l'Université de Lille, qui, à partir de sa propre expérience nous a communiqué les quelques conseils qui suivent.

derniers numéros de l'*American Political Science Review*, la *Revue canadienne de sociologie et d'anthropologie*, *Recherches sociographiques* ou la *Revue française de science politique*.

☞ Les figures

Ce n'est pas tout de générer des statistiques et d'utiliser des mesures statistiques. Il faut aussi être capable de les présenter de façon telle que le lecteur puisse s'y retrouver facilement. Il faut savoir les mettre en valeur sans qu'elles en arrivent à occuper toute la place.

Un seul principe doit vous guider: les tableaux et figures ne sont là que pour aider et pour ajouter. Rien de plus pénible que ces thèses qui se limitent à quelques paragraphes explicatifs entre deux tableaux qui, présume-t-on trop facilement, parlent d'eux-mêmes. Rien ne parle jamais par soi-même.

Par figures, on entend les graphiques, les cartes, les illustrations, les photographies, les schémas, etc., compris dans le manuscrit. Elles peuvent être intégrées au texte si elles sont de format réduit ou présentées sur des pages individuelles, numérotées en chiffres arabes et identifiées clairement par un titre. Normalement, une figure ne doit pas tenir sur plus d'une page et doit se lire dans le sens des autres pages. Il est habituel de numéroter les figures à l'intérieur de chaque chapitre. Si cinq figures apparaissent au chapitre 6, elles seront numérotées 6.1, 6.2, 6.3, 6.4 et 6.5. S'il n'y a que quelques tableaux et figures, on se contentera d'une numérotation en série: tableau I, tableau II, etc.

À moins que cela ne soit évident, on indique au bas de la figure sa source ou l'origine des données qui ont servi à son élaboration. Quant aux photographies, schémas et reproductions, leur usage est habituellement soumis à des règles précises. Mais en aucun cas n'incluez des photocopies découpées à vif dans des livres!

Aujourd'hui, les capacités des microordinateurs ont littéralement révolutionné l'art du graphique et de la figure. Il n'est pas interdit dans une thèse de vouloir épater la galerie; certains graphiques en trois dimensions, en perspective et en couleurs peuvent se révéler des compléments précieux. Mais avancez prudemment en la matière. Ne vous laissez pas (trop) entraîner par votre imagination et surtout n'accordez aucune crédibilité à l'affirmation qu'«un graphique vaut mille mots». Si vous avez effectivement besoin de mille mots pour décrire un graphique, c'est que vous avez des problèmes de style!

Un graphique, aussi percutant soit-il, est rarement indispensable à une thèse. Une simple présentation sur deux colonnes fait souvent l'affaire. La présentation visuelle n'ajoute rien, et comme il ne s'agit pas la plupart du temps d'une question extrêmement complexe, le graphique ne contribue en rien à sa simplification. D'ailleurs dites-vous bien que s'il vous faut un graphique pour faire une démonstration, c'est que celle-ci est en bien piteux état. (Les choses seraient différentes s'il s'agissait d'un livre où bon nombre de lecteurs n'ont pas la préparation requise pour apprécier toutes les subtilités d'une argumentation.) Ne vous attendez pas à ce que le lecteur utilise une règle pour aller voir sur l'abscisse et l'ordonnée quelle est la valeur exacte de votre histogramme.

Cela ne signifie pas que tous les graphiques soient inutiles, bien au contraire. Dans certains cas, une présentation visuelle ne constitue pas simplement une aide à la compréhension, elle peut même en être un élément essentiel.

Le cas le plus fréquent est celui des cartes tant géographiques que thématiques. Peut-on mieux décrire ou situer un territoire qu'avec une carte géographique? Peut-on mieux faire comprendre les différences, les caractéristiques ou l'évolution d'une localité et d'une région qu'en utilisant la cartographie? Mais attention! La carte géographique ou thématique est un outil délicat à manipuler. Il existe des règles précises que tout étudiant en géographie connaît mais que celui de science politique ou de littérature ignore probablement. Renseignez-vous et surtout évitez les cartes mal dessinées ou illisibles. Pour une thèse de doctorat, il est même suggéré d'avoir recours aux services d'un laboratoire de cartographie.

Certaines mesures statistiques ne prennent tout leur sens qu'avec un support visuel. C'est le cas du coefficient Gini qui permet de mesurer l'inégalité dans une distribution (de richesse, de population, d'âge, etc.). Même chose pour les diagrammes de dispersion (*scatterplots*) utilisés pour illustrer la dispersion et la concentration d'une population autour de deux variables. Il faut alors se résigner à inclure de petits dessins dans sa thèse.

Une présentation visuelle permet d'identifier rapidement les cas exceptionnels et de déceler les tendances générales, surtout lorsqu'on compare deux situations. Mais ces présentations graphiques ne donnent pas l'information précise. Si celle-ci est indispensable pour la suite de l'argumentation, alors mieux vaut oublier le diagramme et s'en tenir au tableau statistique. On ne recourt à cette forme de présentation que si c'est le caractère d'ensemble et non le détail d'un phénomène qui intéresse. En ce sens le diagramme ne doit pas être au cœur de l'argumentation. Il doit plutôt l'annoncer ou la conclure. On l'utilisera particulièrement lorsqu'il s'agit de «résumer» une question un peu en marge de l'argumentation.

Le diagramme est particulièrement utile pour illustrer un réseau de relations entre des variables. Ce peut être des relations d'influence et de communication (réseaux sociométriques), ou des réseaux de causalité. Ces derniers sont fréquemment employés pour résumer une situation le plus simplement possible.

↬ Les tableaux

Un tableau contient deux ou plusieurs listes de renseignements. Tout comme la figure, il se présente habituellement sur une feuille séparée. On l'insère cependant dans le texte s'il occupe dix centimètres ou moins. Le tableau ne doit pas contenir, si possible, de lignes verticales, à moins que celles-ci n'en facilitent la lecture. Les lignes horizontales seront simples. Ici, comme ailleurs, la simplicité est de rigueur bien que le traitement de texte et certains programmes intégrés (traitement de texte-chiffrier électronique) permettent de construire des tableaux visuellement très attrayants.

Les divers renseignements sont disposés en colonnes, à simple interligne. Le titre est indiqué au haut du tableau, lui-même numéroté selon le système adéquat. Si le tableau comprend des appels de note, on utilise des lettres comme signes d'appel et la note est alors écrite au bas du tableau, à simple interligne. On les fait généralement précéder de la mention «Notes». On peut aussi utiliser des astérisques. Attention à ne pas multiplier les explications et les exceptions. On a déjà vu des cas où le bas du tableau occupait plus d'espace que le cœur du tableau lui-même. Le ridicule n'épargne pas les thèses!

Tout tableau doit, de préférence, tenir en une page, mais s'il prend plus d'une page, on doit répéter le titre au complet suivi du mot «suite» placé entre parenthèses. On répète également les en-têtes des colonnes pour éviter au lecteur d'avoir à revenir en arrière (on peut cependant le faire sous une forme abrégée).

Il est préférable que le tableau puisse se lire dans le même sens que les autres pages. Par contre, s'il se prête davantage à la lecture dans le sens de la longueur de la feuille, on le présente de façon à pouvoir le lire de bas en haut de la page.

Si le tableau tient sur plus de deux pages, on le place généralement en annexe, surtout si c'est un tableau présenté sur la longueur. Évitez les tableaux trop longs présentés sur une feuille de format différent que l'on replie par la suite. Aujourd'hui, il est possible de réduire un tableau à 75% ou à 66% de sa grandeur initiale.

Les coefficients statistiques se placent ordinairement en bas, à gauche ou à droite, immédiatement sous le tableau.

Tout tableau doit inclure la mention de sa source, placée sous la ligne finale mais avant les notes. Pour sauver de l'espace, il est fréquent d'utiliser un interligne simple pour la description de la source.

On ne saurait trop insister sur la qualité de la présentation des tableaux dans une thèse. Ainsi il faut accorder une attention particulière:

— aux titres; ils ne doivent être ni trop longs ni trop courts, précis, lisibles et surtout compréhensibles;

— à la précision des catégories et des divisions;

— à la qualité des divisions; ainsi une colonne qui ne comprendrait que des 0 aura évidemment été mal définie au point de départ;

— à la limpidité et à la facilité de lecture; dans ce sens, on pourra ajouter dès la première case un signe appelant une note explicative au bas du tableau.

N'oubliez pas non plus d'utiliser le système métrique et les conventions qui lui sont rattachées (par exemple l'emploi de la virgule décimale au lieu du point: 0,44 et non 0.44; 8 000 424$ et non $8,000,424).

11
LES CITATIONS
ET LES RÉFÉRENCES

Tout travail de recherche contient habituellement des citations puisées dans les ouvrages consultés lors de l'élaboration du manuscrit. Il importe de savoir présenter ces extraits d'ouvrages, quelle que soit leur longueur, afin d'éviter toute ambiguïté quant à la source des renseignements cités. Une thèse comprend aussi des notes infrapaginales où l'auteur veut apporter un complément d'information. Ces ajouts constituent un élément important de toute thèse. Il faut leur apporter une grande attention.

∞ La note et l'appel de note

L'appel de note sous forme de chiffre se situe immédiatement après une citation, ou après le mot ou le texte pour lequel on veut ajouter une note en bas de page. Il est surélevé et sans parenthèses, ce qui rend le texte plus aéré. Certains programmes de traitement de texte et quelques imprimantes ne permettent pas de surélever l'appel de note. On pourra alors le mettre entre parenthèses. Les nouvelles imprimantes permettent d'utiliser un appel de note légèrement plus petit. On place l'appel après le dernier mot de la citation mais avant le guillemet fermant comme dans l'exemple suivant: «Chaque paragraphe développe un seul point[1].»

---

1. Patrick d'Elme a consacré à la citation un chapitre demeuré célèbre: «De la citation considérée comme un des Beaux-Arts» (dans *Peinture et politique*, Paris, Mame, 1974, p. 49-60). Nous avons fait de larges emprunts surtout pour les considérations techniques au *Guide de présentation des manuscrits*, Québec, ministère des Communications, 1984.

Le signe de ponctuation, lui, précède le guillemet fermant chaque fois qu'il appartient à la citation; sinon, il le suit. Voici des exemples:

> En 1534, Jacques Cartier énonçait cette vérité: «Le Canada ne sera jamais rien d'autre que le Canada[1].»

> Cette vérité: «Le Canada sera toujours lui-même[1]», Jacques Cartier l'énonçait dès 1534.

Dans le cas de la note explicative, l'appel de note suit immédiatement l'énoncé ou le terme que l'on désire commenter spécifiquement. Si le commentaire ne s'adresse pas à un mot en particulier mais concerne l'ensemble de la phrase, on place l'appel de note à la fin de la phrase. Évitez d'attendre trois lignes avant de le faire. L'appel de note se présente donc ainsi:

> Les nombreuses applications de la télématique[1] révolutionneront notre mode de vie et il faudra s'habituer à voir l'informatique devenir un outil de gestion. Le travail de bureau est déjà largement engagé dans cette voie[2].
>
> 1. Le mot télématique est ici employé dans son sens large.
> 2. Il faut cependant éviter d'exagérer cette tendance qui en est encore à ses débuts.

L'astérisque est recommandé lorsqu'un appel de note est nécessaire dans un titre ou si l'ensemble du texte ne comprend qu'une ou deux notes. À ce moment-là, il suit immédiatement le terme concerné, par exemple:

LE CONTENU SOCIAL DU CANADA
QUÉBÉCOIS: 1960-1979[*]

Jacques Lachance
Université du Québec à Trois-Rivières

---

[*] Ces dates ont été choisies parce qu'elles correspondent à la période de production la plus intense.

106

L'appel de note peut aussi servir pour renvoyer à un lexique ou à une annexe. En général, une même phrase ne doit pas comprendre plus d'une note de bas de page. Il devrait vous être possible de contourner cette difficulté en scindant la phrase en deux ou, ce qui est encore mieux, en éliminant l'une ou l'autre note.

Lorsqu'on cite un passage de trois lignes ou moins, il se place entre guillemets, à l'intérieur du texte, accompagné du chiffre d'appel, comme suit: «Il affirme que les données correspondent à la réalité[1].» Si on supprime une partie du texte de la source, on indique cette omission à l'aide de points de suspension entre crochets ou entre parenthèses. Par exemple: «L'usage des points [...] s'impose lorsque vous décidez de tronquer la citation[1].»

La citation longue, qui compte plus de trois lignes, s'inscrit en retrait du texte, à interligne simple et sans guillemets. Quant aux citations de plus d'une page, elles doivent être présentées en annexe. Elles n'ont guère leur place dans une thèse de maîtrise. On laisse donc à la citation longue des marges latérales plus importantes que celles du texte, soit de 5 cm au lieu de 3,75 cm. Ces marges peuvent varier mais assurez-vous qu'elles demeurent constantes. Habituellement, on les présente à simple interligne afin de resserrer la présentation, mais certaines universités exigent un double interligne. Il peut arriver qu'un texte cité comprenne une faute d'orthographe. Dans ce cas on fait suivre le mot en question de (*sic*): «Mais s'il est vraie (*sic*) que dans la vie on ne fait pas toujours à sa tête (...)»

Il se peut qu'une citation comprenne elle-même une citation. En général, on tentera d'éviter ce genre de situation. Dans l'impossibilité d'agir autrement on utilisera les guillemets à l'intérieur de la citation, si celle-ci est en retrait, donc sans guillemets. Si la citation comporte déjà des guillemets français («...») ou anglais ("..."), on mettra la citation intérieure entre guillemets allemands ('...').

La note de bas de page pour cette citation ne devrait

comprendre que la citation principale sans donner la référence à l'œuvre citée dans la citation. Mais s'il est indispensable de fournir les deux références on utilisera la forme
suivante:

> 1. P. Tremblay, *Vivre*, Montréal, l'Hexagone, 1982, p. 16;
> la citation de J. Pleau est tirée de *Ma vie d'écrivain*,
> Montréal, Nord-Sud, 1984.

Pour des cas plus complexes, il vaut mieux consulter un
manuel de présentation stylistique. Vous y trouverez la
meilleure façon de citer un tableau statistique à l'intérieur
d'une note de bas de page ou encore comment présenter la
traduction d'une citation en langue étrangère.

Il faut apporter une attention particulière à la façon dont
on introduit les citations à l'intérieur du texte. Cette citation
doit couler harmonieusement et ne pas créer de ruptures.
Ainsi, on n'écrira pas:

> Dès l'âge de huit ans, Molière donnait la preuve de songe-
> rie: «Il pouvait déjà réciter des poèmes entiers par cœur[1].»
> Par la suite, sa mémoire fléchira.

On préférera:

> Dès l'âge de huit ans, Molière donnait la preuve de son-
> gerie. C'est du moins l'opinion de J. Tremblay qui aime
> rappeler que dès cet âge «il pouvait réciter des poèmes par
> cœur[1]».

N'hésitez pas à refaire vos phrases et à réduire la citation
au minimum afin de ne pas allonger inutilement votre texte.
La répétition ne fait qu'obscurcir l'argumentation.

Il existe deux types de notes: le commentaire que l'on
apporte au texte mais qui ne peut y être inséré sans en briser
la continuité, et la référence bibliographique pour une citation utilisée dans le texte. Chacune a sa logique propre, mais
elles se présentent essentiellement de la même façon.

Il n'est pas nécessaire d'utiliser le procédé de la citation
lorsqu'il s'agit d'un texte qui appartient au patrimoine uni-
versel. Ainsi ne vous rendez pas ridicule en écrivant:

> Comme le souligne Jésus dans le Nouveau Testament:
> «Aimez-vous les uns les autres[1].»

> _____
> 1. *La Bible*, Montréal, Les Éditions bibliques, 1981, p. 724.

Ne vous sentez pas obligé non plus de donner vos sources lorsqu'il s'agit du dictionnaire (sauf si le choix du dictionnaire est significatif):

> Le *Robert* nous en offre une définition précise: «Colon: cultivateur d'une terre dont le loyer est payé en nature[1].»

> _____
> 1. Paul Robert, *Dictionnaire alphabétique et analogique de la langue française*, Paris, S.N.L., 1977, p. 337.

La note est placée au bas de la page, écrite à simple interligne et séparée du texte par un trait d'une quinzaine de frappes de la barre de soulignement. On laisse un double interligne avant le trait et un interligne simple après. Le numéro d'appel de la note est suivi d'un point (ou mis entre parenthèses) et de deux espaces. Le texte de la note est composé en sommaire (première ligne pleine, les autres en retrait)[1].

Grouper les notes à la fin du texte ou du chapitre exige un va-et-vient pénible et distrayant. N'indisposez pas le lecteur avant même de commencer. Faites donc l'impossible pour les inclure sur la même page. Il existe aujourd'hui des logiciels de traitement de texte qui placent automatiquement les notes au bas des pages et les renumérotent automatiquement lorsqu'on apporte des corrections. Avec les sacs à déchets, le pain tranché et les spirales antimoustiques, il s'agit là de l'une des grandes inventions du 20e siècle. À elle seule, elle justifie que vous vous mettiez à l'électronique.

Placée au bas des pages et à interligne simple, la référence bibliographique contient, la première fois, les mêmes éléments que la description bibliographique, mais disposés un

_____
1. Bien sûr il s'agit là de détails où une certaine latitude est permise; l'important est de toujours suivre les mêmes règles.

peu différemment. On y retrouve, en ordre: le prénom et le nom de l'auteur; le titre (souligné ou en italique); l'adresse bibliographique (lieu, éditeur, date); le numéro du volume ou du tome; la page d'où provient la citation. Contrairement à la bibliographie, on évitera d'écrire le nom de l'auteur en majuscule. Tous les éléments de la référence sont séparés par des virgules et le dernier est suivi d'un point, ainsi:

> 1. Maurice Champagne, *La famille et l'homme à délivrer du pouvoir*, Montréal, Leméac, 1980, p.328.

La numérotation des notes explicatives et des références bibliographiques est continue à l'intérieur d'un chapitre. On recommence la numérotation à chaque chapitre. Il faut laisser au moins deux centimètres entre la dernière citation et le bas de la page. Évitez à tout prix l'entassement. Continuez sur la page suivante, s'il le faut, de cette façon:

> (suite) plus tard le romancier adopta un point de vue différent. Il faudra cependant attendre 1980 pour que toute la vérité soit connue.
> 2. Voir à ce sujet l'explication fournie plus loin par le premier ministre.

Lorsqu'un ouvrage est cité pour la première fois, on doit écrire sa description bibliographique au complet. Par la suite, on utilise certaines abréviations qui permettent de ne pas récrire la description bibliographique complète. Il existe quatre abréviations: *ibid.*, *id.*, *op. cit.* et *loc. cit.*

On se sert de l'abréviation *ibid.* lorsque l'on cite la même œuvre de façon consécutive. On indique alors seulement l'abréviation *ibid.* et le numéro de la page correspondante.

Si l'auteur est le même mais l'œuvre différente, on indique *id.* ou *idem* et le nouveau titre.

Op. cit. s'emploie lorsque la même œuvre du même auteur est citée de façon non consécutive. On écrit alors le nom de l'auteur, suivi de *op. cit.* et de la page correspondante.

On utilise *loc. cit.* lorsqu'on fait référence à la même page de la même œuvre dans une deuxième note consécutive d'une même page. Mais cette abréviation est quelque peu désuète. Certains utilisent simplement *op. cit.* avec la même page ou encore *ibid.*

Mais attention, on n'utilise *id.*, *ibid.*, etc., que si les notes sont sur la même page. Autrement, on recommence la citation au long. Il n'existe pas encore de logiciels permettant une telle gymnastique.

Trop de notes donne facilement l'impression d'un pédantisme outrancier. Trop peu n'est guère mieux. En général, un maximum de deux ou trois notes par page est acceptable. Les renvois bibliographiques peuvent cependant être plus nombreux.

En général, c'est l'absence de notes qui caractérise les thèses de maîtrise. Dans les premiers chapitres, on est habituellement submergé sous les renvois bibliographiques. Et puis après, plus rien. Pourtant, une utilisation judicieuse de la note démontre non seulement une pleine maîtrise du sujet mais permet aussi un style plus direct et moins lourd. L'appareil de notes et de références bibliographiques constitue pourtant un élément essentiel de toute thèse. C'est une façon élégante d'alléger un texte sans sacrifier les nuances.

Certains trouveront peut-être cette référence à l'élégance et à l'esthétique quelque peu déplacée dans le cas d'une thèse. Et pourtant, comment ne pas parler d'inélégance devant un bas de page comme celui-ci:

---

1. Georges Leconte, *Prolégomènes philosophiques*, Québec, Garneau, 1980, p. 138.
2. *Ibid.*, p. 224.
3. *Ibid.*, p. 312.
4. *Ibid.*, p. 12.
5. *Ibid.*, p. 166.
6. *Ibid.*, p. 74.
7. *ibid.*, p. 96.

C'est à se demander si monsieur Leconte n'aurait pas dû signer la thèse.

L'utilisation des abréviations latines n'est pas la seule façon de simplifier la présentation des notes de références bibliographiques. Le principe est cependant toujours le même: permettre au lecteur de s'y retrouver facilement.

Il arrive parfois que l'on fasse de multiples références à un même livre. C'est le cas par exemple d'une thèse qui porte sur un seul ouvrage. Il suffit alors de prévenir le lecteur qu'on aura recours à l'abréviation. Ainsi une thèse portant sur l'orientation idéologique de l'*Histoire de la Province de Québec* en 42 volumes de Robert Rumilly pourrait comporter la note suivante au tout début du texte:

> 1. Robert Rumilly, *Histoire de la Province de Québec*, 42 volumes, Montréal, Beauchemin, 1953-1967 (nous utiliserons l'abréviation HPQ suivie du numéro de volume).

Inutile par la suite d'utiliser des renvois bibliographiques. Il suffira de faire mention de l'abréviation dans le texte lui-même:

> Par la suite, Rumilly n'utilisera plus le mot nationalisme. Dès 1964 il parlera de patriotisme (HPQ, 19, p. 34) pour décrire le même phénomène.

Le même raisonnement s'applique dans le cas de multiples références à un seul ouvrage. Ainsi, une fois précisée l'édition du *Capital* qu'on compte utiliser, il suffira de renvoyer au volume et à la page.

> Marx aura par la suite recours au concept de plus-value dans le sens d'une «augmentation de la richesse» (vol. 4, p. 17) ou d'un «accroissement substantiel» des profits (vol. 5, p. 424).

Depuis quelques années un nouveau mode de présentation des notes et références s'est imposé en raison de son extrême flexibilité[1]. Il vise à réduire au minimum le nombre de références de bas de page, surtout lorsqu'il s'agit simplement de renvoyer le lecteur à un livre ou un article. Le lecteur a-t-il vraiment besoin de connaître la maison d'édition et le lieu de publication de l'ouvrage d'où est tirée une citation? Faut-il sacrifier le tiers de la page à des renseignements qu'on retrouve dans la bibliographie? Ne vaut-il pas mieux réserver les notes de bas de page pour des commentaires substantiels et non pour de simples renvois bibliographiques?

Ces renvois nouvelle manière peuvent être faits de deux façons: en précisant le nom de l'auteur dans le texte même d'une phrase, ou en l'insérant entre parenthèses. Par exemple:

> Comme l'a souligné Lemieux (1985) dans son étude récente et que l'analyse de Pinard (1986) est venue confirmer, il ne fait aucun doute que les auteurs marxistes (Jacob, 1962; Tremblay, 1984) ont raison...

Dans la mesure du possible on inclut aussi la pagination exacte de l'emprunt: Lemieux (1962, p. 12), Lemieux (1962, p. 12-36), (Lemieux, 1962, p. 12-24). Dans le cas de plusieurs renvois hors-textes on séparera les renvois par un point-virgule mais toujours à l'intérieur de la même série de parenthèses: (Lemieux, 1962, p. 14; Pinard, 1963, p. 17; Lemelin, 1972, p. 12). Dans le cas de deux ou trois auteurs du même livre, on utilisera les trois noms propres (Lemieux, Pinard, Lemelin, 1962, p. 14). Pour plus de trois auteurs, on fera usage du «et al.» (Lemieux et al., 1964).

Lorsque l'auteur est une entité institutionnelle on utilisera un nombre de mots suffisants, à partir du début de la référence bibliographique, pour pouvoir retrouver ce renvoi. Par exemple (Ministère des Affaires intergouvernementales, Québec, 1964, p. 112), (Statistique Canada, Ottawa, 1973, p. 12-36). Tout dépend évidemment de la façon dont cette

---

1. Il y a divergence sur cette question entre les auteurs de cet ouvrage. La position de Michel Beaud, un peu réticent à l'égard du nouveau mode de présentation, est exposée dans l'édition française de *L'art de la thèse*, p. 94.

référence aura été incorporée dans la bibliographie. Il s'agit essentiellement de permettre au lecteur intéressé de retrouver la citation exacte dans la bibliographie.

Il est fréquent qu'un même auteur ait écrit deux ou trois articles la même année. On utilise alors les lettres a, b, c après l'année pour les différencier (Lemieux, 1962a, 1962c; Pinard, 1976b). Ne pas oublier alors d'inclure cette lettre dans l'entrée bibliographique à la fin.

Lorsqu'une citation de moins de trois lignes est incluse dans le texte, le renvoi nouvelle manière se fait de cette façon:

> Jacques Tremblay a défini en des termes élogieux cette initiative: «C'est une excellente et merveilleuse idée» (1967, p. 12). Son point de vue n'est pas partagé par ses collègues (Jones, 1978; Robert, 1985).

On met donc à la fin de l'emprunt le guillemet, le renvoi et le point. Un autre façon consiste à ne pas incorporer le nom de l'auteur dans la phrase.

> D'autres sont plus généreux et ont dit de cette initiative qu'elle était «la plus merveilleuse invention de l'humanité» (Tremblay, 1976, p. 16).

Dans le cas d'une citation plus longue et que l'on mettra en retrait du texte, on procède de la même façon. On utilisera le même système dans une note de bas de page qui veut servir de commentaire, ce qui permettra d'alléger considérablement la présentation. Un tel système facilite grandement la lecture et la dactylographie d'un manuscrit car il élimine les trois quarts des notes de bas de page qui ne sont le plus souvent que des renvois bibliographiques.

∽ Le plagiat

Sauf dans les cas extrêmes, il n'est pas toujours facile de déterminer où finit l'emprunt et où commence le plagiat. Soit le texte suivant:

Le résultat de toutes ces tautologies superposées conduit à une vision de la réalité comme à la fois hyperréelle (réalité au énième degré, entièrement fabriquée par des mécanismes de renvois) et l'hyporéelle (n'appelant à aucune communauté d'usages mais à un éclatement du sens). Seule la référence à une naturalité de l'ordinateur et de ses procès de production est appelée à garantir la justesse de nos énoncés. Le retour à cet objet comme seul garant de notre propre identité d'être pensant porte à la religiosité: l'ordinateur est à l'extérieur «le grand Autre» et à l'intérieur de nos opérations de pensée le témoin impassible et infaillible de nos errements. Il est à la fois sur-réel et artificiel. Au commencement et à la fin. En dedans et au-dehors. La science cognitive est la dernière étape d'une série autistique. Elle achève et couronne l'édifice de déréalisation réalisatrice. Réel et sujet classique sont supprimés.

Au-delà du mouvement d'esprit qu'il entraîne, le cognitivisme devient symptôme d'un profond bouleversement dans l'appréhension de la réalité, de l'identité humaine et de comportements sociaux que la présence de l'ordinateur induit.

Tiré de Lucien Sfez, «Étapes pour une agonie», *Cahiers internationaux de sociologie*, 82 (1987), p. 40.

Voyons d'abord quelques cas de plagiat évidents. Nous les avons soulignés. Le premier reprend une phrase du texte original:

Il ne faut pas considérer l'ordinateur de façon unidimensionnelle. Il est à la fois sur-réel et au-dehors. Tous ne l'admettent cependant pas aussi facilement.

Inutile de prétexter qu'il ne s'agit là que de quelques mots. Ces mots «sur-réel» et «au-dehors» sont essentiels. Quelques manipulations syntaxiques n'y changent rien non plus:

Il ne faut pas considérer l'ordinateur de façon unidimensionnelle. Il est partout à la fois, sur-réel et au-dehors, à l'extérieur et à l'intérieur, au commencement et à la fin.

Si on conserve la même structure de phrase mais en utilisant des synonymes, il ne s'agit pas à proprement parler

115

d'un plagiat, mais on en est dangereusement près. Par exemple:

> Par-delà le changement d'esprit qu'il suscite, le cognitivisme apparaît comme le signe d'une transformation en profondeur dans le chapitre du réel.

Les cas les plus pernicieux sont ceux où l'auteur cite ses sources et utilise des guillemets, mais de façon incomplète:

> Lucien Sfez est très clair à ce sujet: «Au-delà du mouvement d'esprit qu'il entraîne, le cognitivisme devient symptôme d'un profond bouleversement dans l'appréhension de la réalité.» <u>C'est toute l'identité humaine et les comportements sociaux que l'ordinateur induit alors.</u>

Mieux vaut reconnaître carrément que toutes les idées exprimées dans un paragraphe ont été empruntées. Mais alors attention à l'originalité et aux droits de reproduction. Vous connaissez la formule: «Toute reproduction d'un extrait quelconque de ce livre, par quelque procédé que ce soit est strictement interdite.» Heureusement cette restriction ne s'applique pas à la citation d'un court extrait, habituellement pas plus d'un paragraphe ou deux, pour des fins d'analyse ou de commentaire. Cette tolérance s'applique surtout aux thèses. Certaines maisons d'édition pourraient se montrer moins tolérantes dans le cas d'un livre.

12

LA MISE EN FORME
DU MANUSCRIT

Vous avez rédigé l'ensemble des chapitres, composé les annexes, établi la présentation des sources et de la bibliographie. Vous pensez être au bout de vos peines. Erreur.

Vous êtes, à peu près, dans la situation du menuisier qui a toutes ses planches coupées à la bonne mesure et qui a procédé à une première mise en place pour vérifier que tout ira bien. Il va maintenant tout démonter et procéder à la mise en place définitive, en ajustant, en rabotant, etc.: avec le double souci de soigner le détail et de réaliser la cohérence d'ensemble de son montage.

☙ La relecture

Votre travail, actuellement, est un produit brut. Il reste à corriger les maladresses, à compléter des points, à raccourcir certains passages trop longs, à rééquilibrer, à résoudre des problèmes de répétition ou de décalage entre différentes parties du texte.

Et pour cela, une relecture d'ensemble du texte, une lecture calme, attentive, avec un esprit éveillé et critique, est nécessaire: prenez quelques jours et relisez, dans son mouvement d'ensemble, tout le texte.

Attention, il ne s'agit pas de tout récrire; il ne faut pas non plus que les anxieux s'arrêtent sur chaque détail; mais il faut que chacun, et surtout celui qui est trop facilement content de soi, prenne le temps de relire, de corriger ce qui doit l'être, d'améliorer ce qui peut l'être.

Et plus votre travail antérieur aura été rapide et approximatif, plus vous verrez de difficultés et de points à reprendre. Au contraire, les consciencieux et les méthodiques pourront savourer le fruit de leurs efforts antérieurs.

S'il est des points que vous ne pouvez pas sur-le-champ corriger ou améliorer, signalez-les matériellement avec des papillons adhésifs sur lesquels vous marquerez: «passage à résumer; en faire une annexe?», ou: «point à développer». Vous pouvez aussi faire la liste, sur une feuille, des vérifications et des recherches à faire...

Cette relecture d'ensemble doit permettre d'accroître la cohérence, la force du mouvement d'ensemble de votre pensée. Et pour cela, vous avez un travail particulier à faire sur les introductions et conclusions et sur les titres.

Au début et à la fin de chaque grande étape (chapitres, parties, ensemble), il faut introduire et conclure. Introduire, c'est mettre en place, mettre en perspective, mettre en scène, la question principale qui va être traitée: évoquer le cadre dans lequel elle se situe, préciser comment le problème se pose, formuler la question, et annoncer comment elle sera abordée et traitée. Conclure, c'est tout naturellement dégager les éléments de réponse qui ont pu être établis, les réunir, les synthétiser et suggérer la perspective que ces réponses ouvrent.

Mais en même temps, à travers introductions et conclusions, on peut guider le lecteur dans le mouvement de pensée qu'on a adopté; on peut lui rappeler la démonstration qu'on est en train de faire, ce qu'on a déjà établi et ce qui reste à rechercher; on peut dégager, mettre en valeur la ligne directrice, le fil conducteur du raisonnement qui porte la thèse.

À l'occasion de votre relecture générale, vous avez donc à réviser très soigneusement introductions et conclusions. Vous avez aussi, éventuellement, à écrire celle que vous auriez «laissée pour plus tard», ou à récrire celle que vous auriez ratée ou bâclée... Une fois cela fait, encore un conseil. Prenez une journée, une journée calme, et où vous êtes intellectuellement en forme, pour relire l'ensemble de vos introductions et conclusions, dans l'ordre.

Ou bien l'ensemble se tient et vous retrouvez bien le mouvement de pensée que vous vouliez donner à votre thèse, et c'est bien; ou bien il y a encore des ruptures, des décalages, des incohérences, et il faut reprendre telle ou telle introduction ou conclusion. Faire ce (relativement petit) travail est aussi important que de vérifier l'assise de l'échafaudage pour un maçon, aussi important que de contrôler sa fixation pour un skieur ou de resangler pour un cavalier.

Vous devez, évidemment, attacher une importance toute particulière à l'introduction et à la conclusion générales de la thèse. L'introduction générale doit accrocher l'intérêt du lecteur: le sujet doit être amené, présenté, situé dans son contexte. Il est souvent recommandé, dès ce stade, de survoler, d'évoquer, de présenter l'état de la réflexion ou de l'analyse, les débats en cours, les enjeux. Il faut aussi, par touches successives, présenter les grandes lignes de la problématique adoptée pour ensuite dégager la démarche d'exposition qui a été choisie, et finalement annoncer le plan.

La conclusion générale doit reprendre les principaux apports qui auront été dégagés au cours des différents chapitres; il faut souligner leur intérêt, mais aussi les incertitudes ou les insuffisances; et il faut indiquer les principales questions qui restent à résoudre ou celles qui surgissent des résultats mêmes obtenus dans la thèse.

Et, faut-il le dire, s'il est des lieux où la question principale, l'idée directrice, la démonstration de la thèse doivent être particulièrement mises en relief et en valeur c'est bien, sous des formes différentes, dans l'introduction générale et la conclusion générale.

Quant aux titres, ils sont les «panneaux indicateurs» de votre mouvement de pensée. Chaque titre doit à la fois être court et exprimer l'essentiel de l'idée de la partie qu'il coiffe. Souvent, parce que l'idée s'est clarifiée et décantée, c'est en fin de thèse qu'on trouve les meilleurs titres. Alors n'hésitez pas à remplacer les anciens «titres étiquettes» par des titres plus parlants, précis, expressifs: des «titres expression» de l'idée-force de la partie.

Et de même qu'on doit retrouver votre mouvement de pensée dans les introductions et les conclusions, de même on doit le saisir à la seule lecture de vos titres. Il doit y avoir une correspondance, une harmonie entre vos titres. Soyez élégant et évitez comme la peste les titres qui exigent plus d'une ligne. C'est signe qu'ils ne résument rien du tout.

Faites donc cet ultime test: mettez sur une feuille de papier les titres des grandes parties et des chapitres et demandez-vous si ça colle. Est-ce qu'on y retrouve à la fois le contenu des chapitres et le mouvement de la partie? Si tel n'est pas le cas, retravaillez-y. Et si vous vous impatientez, rappelez-vous que le travail de thèse est un travail d'artisan intellectuel, et que les bons artisans ont le goût de la finition.

☞ Les parties du texte

Tout manuscrit comprend diverses parties dont on doit connaître la nature et la place si l'on veut donner au travail une logique évidente pour le lecteur. Cette logique doit être apparente car elle est le seul outil que possède le lecteur pour s'y retrouver facilement. N'oubliez pas que le premier coup d'œil détermine souvent notre façon de percevoir et de juger d'un travail. Simplement en feuilletant celui-ci et en regardant les divisions, on doit pouvoir avoir une idée de ce dont il s'agit.

La *page de titre* doit contenir les principaux éléments nécessaires à l'identification du manuscrit: l'auteur, le titre du travail, le lieu et la date de présentation, les divers responsables de la publication, etc. Dans le cas d'une thèse de maîtrise ou de doctorat, assurez-vous de la formule de présentation exacte.

L'*avant-propos*, texte préparatoire à la lecture, contient des notions très générales relatives au sujet traité. L'auteur y explique les raisons qui l'ont incité à étudier le sujet en question, tout en exposant le but qu'il poursuit. L'avant-propos peut se terminer par des remerciements adressés aux personnes ressources ainsi qu'aux divers collaborateurs. Ce texte préparatoire peut, selon le contenu, porter un autre titre: *note au lecteur, avertissement*. Pour une thèse de cent pages l'avant-propos ne devrait pas dépasser trois pages. Essayez d'être original dans vos remerciements en évitant les clichés du genre «Sans l'apport d'Un tel ce travail n'aurait jamais été possible».

La *table des matières* consiste en un plan détaillé du manuscrit: on doit donc y retrouver les principales divisions (titres et intertitres) de l'ouvrage avec les pages correspondant au début de chacune de ces parties. On y indique également les pages préliminaires. Un vieux débat oppose ceux qui insistent pour placer la table des matières au début de la thèse (à l'américaine), appelée alors plus justement «sommaire», ou à la fin (à la française). Alors que bon nombre d'éditeurs québécois insistent pour placer la table des matières de leurs livres à la fin, il est de plus en plus fréquent d'inverser cet ordre pour ce qui est des thèses.

Il y a plusieurs façons d'identifier les divisions et les subdivisions d'un travail. L'emploi de majuscules et de minuscules, de chiffres romains et arabes, de lettres et de chiffres sont autant de façons d'indiquer clairement titres et intertitres. C'est souvent à la logique, à la clarté et à la cohérence d'une table des matières qu'on juge de la logique, de la clarté et de la cohérence de l'ensemble du travail. Il faut y accorder une grande attention et éviter les erreurs grossières dont voici certains exemples.

Table des matières un peu vague:

Chapitre 1 1
Chapitre 2 12
Chapitre 3 30
Chapitre 4 64
Chapitre 5 172
Chapitre 6 186
Chapitre 7 194
Chapitre 8 240
Chapitre 9 289
Chapitre 10 312
Conclusion 416

Table des matières déséquilibrée:

Introduction

Chapitre 1. *Le cadre théorique*

1.1 Les origines du libéralisme québécois

    1.1.1 La situation américaine

    1.1.2 Les antécédents européens

    1.1.3 L'influence de Voltaire

1.2 L'évolution historique du libéralisme

    1.2.1 De 1628 à 1663

    1.2.2 De 1663 à 1760

    1.2.3 De 1760 à 1840

    1.2.4 De 1840 à 1967

        1.2.4.1 De 1840 à 1867

        1.2.4.2 De 1867 à 1939

        1.2.4.3 De 1939 à 1967

1.3 L'analyse marxiste du libéralisme

Chapitre 2. *Les hypothèses*

2.1 Liste des hypothèses

Chapitre 3. *La vérification empirique*
etc.

Il faut que chaque chapitre ait à peu près le même degré de précision dans les subdivisions. Et surtout évitez d'identifier une subdivision avec un 1.1 s'il n'y a pas de 1.2 qui suit. Et puis tenez-vous vraiment à cette énumération de 1.2.1.4, 1.2.2.1, 1.2.2.2? C'est de la fausse précision. Chose certaine, cela ne donne pas le goût de lire votre thèse. À proscrire (sauf si votre directeur de thèse y tient mordicus).

Table des matières trop détaillée:

Avant-propos

Chapitre 1 Le cadre de recherche
  1.1 Les hypothèses
        1.1.1   Leur définition
        1.1.1.1 Définition quantitative
        1.1.1.2 Définition subjective
        1.1.2   Leur élaboration

  1.2 La méthodologie
        1.2.1   La certification
        1.2.1.1 Empirique
        1.2.1.2 Théorique

Table des matières équilibrée:

INTRODUCTION 9

Chapitre premier
UN SIÈCLE DE DISCRIMINATION 17
A — *Les lois et les mesures restrictives* 18
B — *Un statut professionnel infériorisé* 26

Chapitre deux
MÉRITE ET SÉGRÉGATION 33
A — *Le système du mérite* 34
  1. Les caractéristiques du système 34
  2. Les fonctionnaires francophones 38
  3. Les femmes fonctionnaires 39
B — *Structures et pratiques d'emploi* 42
  1. La commission de la fonction publique 43
  2. Les concours 44
  3. La sélection 46
  4. La durée des fonctions 48
  5. Les démissions 51
  6. Formation et perfectionnement 54

Chapitre trois
SYNDICALISME ET SÉGRÉGATION 59
A — La montée du syndicalisme
dans le secteur public fédéral 61
    1. Les associations d'employés 61
    2. Le CTC 62
    3. La Fédération du service civil de 1960 à 1967 63

On recommande d'éviter la présentation «romanesque» où toutes les sections et sous-sections sont présentées à la suite. Cela permet certes de donner un meilleur aperçu de ce que contiennent les chapitres, mais il est plus difficile de saisir l'articulation d'ensemble de la thèse. Si vous décidez quand même d'utiliser cette présentation, faites-le avec une certaine élégance (encore).

Table des matières «littéraire»:

AVANT-PROPOS i
INTRODUCTION .... v-xx

PREMIÈRE PARTIE
L'HOMME

Chapitre I: *Ses origines et sa formation* 8
    Ses origines familiales et ses premières études, p. 8;
    sa formation universitaire et les milieux qu'il fréquen-
    ta: l'Université de Paris en 1530, p. 11; le Collège
    royal, p. 20; la société parisienne et les courants
    hétérodoxes (platonisme, réforme padouane), p. 24.

Chapitre II: *Sa crise intellectuelle* 36
    Sa rencontre avec Luther, p. 39; les premières let-
    tres, p. 43.

Il peut être nécessaire de dresser une table des figures et une table des tableaux quand leur nombre le justifie. Ces listes comprennent, dans un ordre numérique, les titres des tableaux ou figures accompagnés de la page où ils apparaissent. S'ils sont nombreux, les sigles et les abréviations peuvent faire l'objet de tables distinctes de celle des matières. Ces tables regroupent alors les divers sigles ou abréviations employés dans le manuscrit avec la signification correspondante. Ces tables prennent place à la suite de la table des matières et précèdent les parties essentielles du manuscrit.

Les *annexes* consistent en des pièces additionnelles qui complètent le corps de l'ouvrage mais qui ne peuvent y être intégrées sans gêner la continuité du texte. Ce peut être des textes en langue étrangère; de longs développements mathématiques; des documents inédits; des renseignements, des textes ou des notes complémentaires; des données statistiques; des citations trop longues pour être intégrées aux textes; des formules, cartes, plans; des protocoles d'entrevue; des questionnaires, etc.

On indique l'ordre de ces annexes par des chiffres ou des lettres. Leur titre respectif est disposé à la façon d'un titre de chapitre. Les annexes se situent immédiatement après le corps du texte.

Il devient nécessaire de bâtir un *lexique* lorsque certains termes employés dans le manuscrit demandent une explication parce qu'ils sont spécialisés, anciens ou étrangers. On regroupe alors ces mots par ordre alphabétique en donnant leur signification ou un synonyme plus connu. Le lexique peut se placer au début du manuscrit, à la suite des différentes tables, ou de préférence à la fin, après la bibliographie. On le déconseille dans une thèse de maîtrise.

L'*index* est la liste alphabétique détaillée des sujets traités dans un ouvrage, des noms de lieux, de personnes qui s'y retrouvent, accompagnés de leur référence, c'est-à-dire de la page où chacun de ces termes apparaît. De cette façon, l'index permet une consultation rapide et efficace de l'ouvrage.

Il y a différents types d'index: l'index général, l'index spécial et l'index analytique. Le premier regroupe tous les sujets, noms de personnes ou de lieux contenus dans l'ouvrage. L'index spécial ne traite que d'une de ces facettes et n'aborde qu'un sujet à la fois: auteurs cités, noms de lieux, etc. Quant à l'index analytique ou index des matières, il contient les différentes matières étudiées, placées par ordre alphabétique accompagnées de leurs subdivisions, c'est-à-dire des sujets qui s'y rattachent comme dans l'exemple suivant:

Idéologie
— définition, 8, 12, 13
— rôle, 8, 11, 14
— évolution, 9, 12,15
Inversion
— son rôle, 212, 416-417
— ses limites, 47

Les mémoires de maîtrise ne comportent jamais d'index et les thèses de doctorat rarement, du moins en Amérique du Nord. Mais il n'est pas interdit d'innover. Attention cependant, il faut de la méthode pour y arriver.

Les *index de noms propres* sont assez faciles à établir puisque le repérage d'un nom propre demande seulement un peu d'attention... et d'organisation. Le plus sage est de commencer à constituer l'index «en blanc» (sans indiquer les numéros des pages) et de ne porter les numéros de page qu'à partir d'une relecture de l'exemplaire définitif.

L'*index analytique*[1] est un peu plus compliqué à établir dans la mesure où il implique un choix judicieux des mots clés, des «référents»: un référent trop large renverra à un nombre de pages tellement élevé qu'il perdra toute utilité; et si les référents sont trop précis, leur liste va s'allonger et devenir d'une utilisation difficile...

Si par exemple, pour ce livre, on retient le mot «thèse», on devra pratiquement citer toutes les pages... Mieux vaut prendre des référents à la fois plus restreints et importants pour le lecteur; par exemple:

— sujet (de thèse)
— documentation
— bibliographie

---

1. La rédaction de ce point a été suggérée par François Gèze, spécialiste français d'indexologie théorique et appliquée.

— plan (de travail, de rédaction)
— recherche
— rédaction
— soutenance

Et concernant la thèse proprement dite, on peut retenir des mots clés qui renvoient à des objets précis:

THÈSE:
— emploi du mot dans ce livre
— décision de faire une ...
— fichier central des ...
— calendrier de la ...
— comme démonstration construite

Une fois choisis ces référents, une relecture attentive (et ciblée sur cet objectif) permet de repérer les passages les plus importants qu'on peut signaler à l'encre de couleur ou au marqueur. Cette relecture suggérera l'adoption de nouveaux éléments auxquels on n'avait pas pensé dans un premier temps, mais qui se révèlent nécessaires.

Une fois la liste des référents établie, il faut vérifier sa cohérence: n'y a-t-il pas trop de «recoupements» entre des

---

VOUS VOULEZ VRAIMENT INDEXER?

Voici quelques règles qui devraient vous faciliter la tâche, si jamais vous décidez d'indexer votre thèse.

1. Travaillez avec le paragraphe comme unité d'analyse, c'est d'ailleurs un bon exercice pour évaluer la logique de votre construction.

2. N'hésitez pas à utiliser plusieurs mots clés pour un même paragraphe. Certains le méritent.

3. Si une idée n'est pas développée sur un paragraphe ou plus, mérite-t-elle d'être indexée?

4. Vous pouvez inclure les noms de personnes, de lieux et d'associations dans votre index, mais à condition qu'ils fassent l'objet d'un développement dans l'article.

5. Utilisez des substantifs comme mots clés.

---

référents presque synonymes? N'y a-t-il pas de thèmes importants oubliés?

Il ne reste alors qu'à établir concrètement la base de l'index, avec une fiche (ou une feuille) par référent. Certains travaillent sur fichiers, d'autres sur liasses; certains étalent en files envahissantes, d'autres accrochent avec des pinces à linge... Et finalement quand tout le texte est référencé, il ne reste plus qu'à rédiger l'index analytique. Là encore, on gagne du temps si on l'établit à partir de l'exemplaire définitif de la thèse. Mais cela prend du temps supplémentaire, à un moment où on est souvent pressé d'en finir.

Certains logiciels de traitement de texte permettent d'indexer le texte à mesure qu'on le rédige. Il suffit de placer à côté de chaque mot que l'on veut retrouver dans l'index un signe particulier et le tour est joué. Une fois votre texte terminé, le logiciel classera selon l'ordre que vous lui indiquerez, ordinairement un ordre alphabétique, tous les mots ainsi identifiés dans le texte, ainsi que la page où ils apparaissent. Il est même possible de prévoir des index à plusieurs paliers.

La *bibliographie* est un élément essentiel du travail de recherche. Elle permet entre autres de juger de la valeur du travail tout en constituant une excellente source de références complémentaires. La liste bibliographique comprend les livres, les articles de périodiques, de revues et de journaux consultés. On y inclut aussi les documents d'archives, les documents visuels et sonores et généralement tout le matériel qui aura servi à la rédaction de la thèse.

La bibliographie doit être préparée au fur et à mesure de la réalisation de la thèse, car elle est partie intégrante du travail de recherche. Nous l'avons signalé pour le dépouillement d'ouvrages et d'articles, mais c'est aussi vrai du travail d'archives (publiques ou privées, des collectivités locales ou d'entreprises...), des enquêtes, des entretiens, du travail sur matériaux statistiques ou du dépouillement de journaux ou de périodiques. N'attendez pas à la dernière minute. Vous n'aurez alors plus le temps et plus l'énergie.

On doit donc présenter d'une manière complète, précise et uniforme les différentes sources auxquelles on aura eu recours.

Pour un ouvrage, la structure de base est:

> NOM, Prénom, *Titre de l'ouvrage* , lieu de publication, éditeur, année de publication.

Certaines variations sont permises. Ainsi, il n'est pas toujours nécessaire de mettre le nom de l'auteur en majuscules et on peut choisir d'oublier la virgule entre le nom et le prénom. On peut aussi inverser nom et prénom. Commencer par le nom en majuscules facilite le repérage. On renfonce de quelques espaces les lignes suivant la première.

Il est recommandé d'indiquer également le nombre de pages mais bon nombre de bibliographies l'omettent. Si vous voulez vraiment donner l'impression d'avoir tout lu ce que comprend votre bibliographie, rien de mieux que de l'ajouter. Mais attention: il faut alors le faire systématiquement (c'est ce qui explique pourquoi le présent ouvrage ne l'inclut pas).

Selon Hélène Houde, responsable du Centre de documentation à l'INRS-Urbanisation de l'Université du Québec, «indiquer le nombre de pages évite certaines déceptions. On trouve un titre intéressant. On remue mers et mondes pour finalement tomber sur une plaquette de deux pages. Ou encore on se retrouve avec une brique de 800 pages alors qu'on cherchait un court résumé. Mieux vaudrait le savoir au départ.» Elle insiste également pour qu'on écrive le prénom de l'auteur au complet: «Alain et non uniquement A. C'est fort utile si le nom est Smith ou Tremblay (Alphonse, André, Alain, Armand, Antoine). Cela peut être un élément discriminant car il nous renseigne sur le sexe ou même l'origine ethnique de l'auteur (Armand Smith, Anthony Smith, Pauline Vaillancourt, Paul Vaillancourt).» À partir de là, il suffit de s'adapter aux situations avec bon sens, souci de l'exactitude et surtout beaucoup de constance.

Il arrive cependant qu'on rencontre des difficultés. Par exemple:

— Pas d'auteur? On commence alors par le *titre de l'ouvrage*.
— L'auteur est un organisme, une institution? On met son nom (ou son sigle) à la place de celui de l'auteur.
— Deux ou trois auteurs? On les inscrit dans l'ordre où ils sont sur le livre.
— Plus de trois auteurs? On mentionne le premier et on ajoute «*et al.*» (*et alii*, c'est-à-dire, et d'autres).
— L'ouvrage est un collectif? On écrit le nom de celui qui a dirigé le collectif suivi, entre parenthèses, de l'abréviation «dir.». S'il s'agit d'un recueil de textes déjà publiés, on met le nom de celui qui a colligé les textes suivi, entre parenthèses, de la mention «textes réunis par». Évitez l'abréviation anglaise «ed.» ou «eds».

Si vous avez travaillé sur une édition différente de la première, indiquez-la après le lieu de publication; par exemple: Montréal, 3e éd., 1980.

Quand on cite des ouvrages étrangers, on procède de la même façon. Vous pouvez, par courtoisie à l'égard de vos lecteurs, mettre, juste après le titre en langue originale, entre crochets, la traduction en français de ce titre.

Si vous citez une traduction, il vous faut inclure aussi le titre original.

> NOM, Prénom, *Titre de l'ouvrage en français*, lieu, éditeur, année; trad. de *Titre de l'ouvrage en langue originale*, éditeur, année.

Le titre peut aussi poser problème:
— Un titre avec sous-titre? On indique les deux; par exemple: *Les statocrates. Essai d'anthropologie politique.*
— Ouvrage en plusieurs tomes? On les indique avec toute la précision nécessaire; par exemple: *Mémoires d'avenir*, Lausanne, Éd. du Soleil, t.1, *L'éveil*, 1975, 250 p.; t. II, *Le sursaut*, 1978, 350 p.; t. III, *La chute*, 1985, 450 p.

130

Vous aurez rarement des problèmes avec l'éditeur:
—Si, exceptionnellement, il y a plusieurs éditeurs, les maintenir; par exemple: La Découverte/Boréal.
—Pas d'éditeur? Marquer: sans éd. Pour des textes ronéotypés, multigraphiés, dactylographiés: vous pouvez noter «miméo» ou simplement «correspondance».

De même pour le lieu ou la date de publication :
—Pas de lieu indiqué? Marquer: s.l. (sans lieu);
—Pas de date indiquée? Marquer: s.d. (sans date).

Pour un article, la structure de base est:

> NOM, Prénom, «Titre exact de l'article», *Nom du périodique*, volume, numéro, pages de début et de fin d'article.

ou:

> NOM, Prénom, «Titre exact de l'article», dans Nom de l'auteur (dir.), *Nom de l'ouvrage collectif (Encyclopédie, Actes de colloque, etc.)*, lieu, éditeur, année, pages de début et de fin de l'article.

Remarque: dans le cas d'un ouvrage, c'est le titre de l'ouvrage qui est souligné; dans le cas d'un article, c'est le nom du périodique, ou celui de l'ouvrage collectif. Mais on ne peut évidemment tout prévoir; il existe de véritables manuels où l'on tente de répertorier toutes les situations imaginables.

Les bibliographies sont classées par ordre alphabétique d'auteurs. Si la liste comprend plusieurs entrées pour le même auteur, les ouvrages de cet auteur se succèdent par ordre chronologique de parution. Dans ce cas, dans la deuxième description, le nom de l'auteur est remplacé par huit traits d'union. Lorsque le même individu est à la fois auteur et coauteur, on inscrit d'abord ses titres comme auteur.

Les ouvrages anonymes sont intégrés à l'ensemble, par ordre alphabétique des titres.

Si elle est volumineuse, la bibliographie doit être ordonnée. Elle peut l'être par nature des ouvrages:

1. Ouvrages généraux
2. Ouvrages spécialisés
3. Articles de périodiques

Ou encore par l'origine des sources:

1. Archives et sources manuscrites
2. Sources imprimées
3. Sources orales
4. Ouvrages de références
5. Études

Elle peut l'être aussi par thèmes:

1. Ouvrages généraux
2. L'expérience française
3. Les expériences étrangères

À l'intérieur de chaque rubrique, les ouvrages et articles sont classés par ordre alphabétique d'auteurs.

Restent deux questions liées. Tous les ouvrages cités en cours de thèse doivent-ils figurer dans la bibliographie? D'une manière générale, oui: sauf ceux à qui on a emprunté une citation sans que, pour l'essentiel, ils se rapportent au sujet traité; et sauf également ceux que l'on a utilisés pour apporter un élément factuel précis, mais qui, pour l'essentiel, ne se rapportent pas au sujet traité.

Tous les ouvrages et articles figurant dans la bibliographie doivent-ils avoir été cités dans le texte de la thèse? Pas nécessairement, il suffit qu'ils se rapportent au sujet et que vous les ayez utilisés au cours de votre travail de recherche.

En gros les deux ensembles se recouvrent assez largement de la manière suivante:

La bibliographie ne doit être ni exagérément «gonflée», ni trop succincte. En fonction de la matière disponible et de la qualité du travail effectué, la bibliographie peut comporter entre 8-10 pages et 20-25 pages.

Dernier conseil diplomatique. Si votre directeur de recherche ou les éventuels membres du jury ont écrit des ouvrages et articles ayant rapport avec votre sujet de thèse, n'oubliez pas de les faire figurer dans votre bibliographie... Rien de plus désagréable que d'entendre dire, par un membre du jury, en cours de soutenance: «Comme je l'avais dit dans un article publié en 1950 et qui vous a sans doute échappé...» Puis un autre, quelques instants plus tard: «Sans doute n'avez-vous pas eu connaissance des travaux du colloque de Florence, où cette question avait largement été discutée, et dans lequel j'avais défendu une position tout à fait claire...»

☜ Les aspects techniques de la présentation

Une mise en page soignée est essentielle tant à la présentation d'un manuscrit de qualité qu'à la clarté et à la compréhension du document. Les principaux éléments de la mise en page seront ici examinés: le format du papier et le caractère employé, les marges et les espaces, la pagination et les titres. Mais attention, chaque université a parfois ses propres exigences.

Pour le manuscrit dactylographié, on emploie des feuilles blanches de format 216 mm x 279 mm (8 1/2 po x 11 po). Quelques universités imposent encore des feuilles préencadrées (avec des lignes de couleur et le nom de l'université). Si tel est le cas assurez-vous de ne pas «dépasser»! On se sert habituellement du caractère de machine «élite», dont il entre 5 caractères par centimètre (12 caractères par pouce) soit un peu moins de 25 lignes (1500 caractères) par page.

Toute la thèse, sauf les cartes, diagrammes et dessins, doit être écrite sur le même papier, avec la même machine à écrire. Cette règle ne souffre aucune exception. Le texte de la thèse doit être écrit au recto des feuilles seulement, en respectant un double interligne (triple interligne entre les paragraphes). Il y a belle lurette qu'on n'utilise plus le papier carbone ou le stencil pour les copies de la thèse. La reprographie a remplacé ces vieilleries.

On doit prévoir des marges assez généreuses afin de pouvoir y inscrire par la suite des corrections ou des notes. Pour la partie supérieure de la page, on suggère de laisser une marge de 5 cm sur la page où débute une section et de 3,75 cm.pour les suivantes. La marge inférieure doit atteindre au moins 2,25 cm et les marges latérales environ 3,50 cm. On veillera à laisser des marges suffisantes pour les notes de bas de page.

La première ligne de chaque paragraphe peut être renfoncée de cinq ou six espaces.

On utilise le simple interligne pour les citations longues, les notes et les références au bas des pages ainsi que pour la bibliographie.

Deux remarques importantes: d'une part, on n'écrit pas la première ligne d'un nouveau paragraphe seule au bas d'une page (veuve), et on ne met pas la dernière ligne d'un paragraphe seule au début d'une page (orphelin); d'autre part, on ne coupe pas un mot au bas d'une page.

Les règlements des universités francophones du Québec stipulent que les thèses soient généralement écrites en français. On prévoit aussi des exceptions — ordinairement en faveur de l'anglais — mais il faut alors obtenir une permission *écrite avant* d'entreprendre le travail de rédaction. Mais attention, vous devez avoir de bonnes raisons pour obtenir la permission de rédiger dans une autre langue et vous devriez au préalable en avoir convaincu votre directeur ainsi que votre comité de supervision. Habituellement, on exige que le titre et le résumé soient écrits en français. Dans les universités anglophones du Québec, il suffira de l'accord de votre directeur pour que vous puissiez utiliser le français. Il vous faudra quand même prévoir un résumé (*abstract*) en anglais.

On pagine en chiffres romains les pages préliminaires. À

partir de l'introduction, la pagination se fait en chiffres arabes. On place le numéro dans le coin supérieur droit, aligné à la marge, à 2,5 cm du haut. Les pages où commencent une section ou un chapitre et les pages blanches ne doivent pas être paginées même si elles doivent être comptées.

Les titres des grandes sections du manuscrit sont souvent écrits en majuscules, ou encore placés sur une nouvelle page, à 5 cm du haut de la feuille. Le texte débute après un triple interligne. Quant aux intertitres, ils sont justifiés à gauche, précédés d'un triple interligne et suivis d'un double interligne. Les titres des chapitres sont généralement écrits en majuscules. Ils peuvent être ou ne pas être soulignés, en général ils ne le sont pas. Les intertitres sont écrits en minuscules et soulignés. On n'écrira pas le titre d'un chapitre sur une page à part. On pourra le faire cependant pour les

---

EXEMPLE DE DÉBUT DE SECTION

Chapitre IV
LES FACTEURS EXTERNES DE LA NATALITÉ

Les chercheurs ont proposé une liste apparemment sans fin de facteurs qui expliquent la baisse de la natalité. À chaque décennie, une nouvelle cause est mise en accusation. Ce chapitre ne prétend pas les identifier tous. Nous nous limiterons à ceux qui ont été mentionnés dans le cas du Québec.

4.1. *Les facteurs économiques*

Les facteurs économiques ont pris de plus en plus d'importance au cours des dernières années. Ils remplacent ainsi les facteurs culturels si populaires dans les années quarante. Globalement, ils peuvent être regroupés sous trois grandes catégories: chômage, revenu et évaluation.

4.1.1 *Le chômage*

Tous nos informateurs ont mentionné le chômage dans leur décision de ne pas avoir d'enfants, etc.

---

titres de parties. Un titre et un intertitre ne doivent jamais se suivre immédiatement. Quelques lignes de texte devraient les séparer. Par exemple, on n'écrit pas

1) *Le cadre théorique*

1.1. *Les hypothèses de recherche et leur validation*

mais bien

1) *Le cadre théorique*

Notre présentation du cadre théorique se fera en trois parties: historique, analytique et comparative. Notre intention n'est pas de résumer toutes les théories mais d'en présenter les grandes lignes afin de mieux situer le débat théorique de 1944-1945.

1.1 *Les hypothèses de recherche et leur validation*

La frappe aussi est un travail, et donc nécessite du temps. N'exigez pas l'impossible de la personne qui assure la frappe: pour gagner quelques jours, vous risqueriez d'en perdre beaucoup plus en corrections et reprises d'un texte trop hâtivement tapé.

N'oubliez pas que la qualité de la frappe vient en premier lieu de la qualité du manuscrit que vous aurez préparé: toutes les incohérences, fautes, lacunes, scories, tous les défauts de fond, de forme et de présentation que vous aurez laissés se retrouveront dans votre texte. La qualité de la frappe vient ensuite des qualités propres de la personne qui tape... et de sa machine. Il est bon, avant de vous engager, d'avoir fait un essai préalable. Il est bon aussi de vous être mis d'accord sur un calendrier et de veiller à ce qu'il soit respecté, des deux côtés.

Il est probable que votre thèse sera composée sur un appareil de traitement de texte, ou une machine à écrire électronique. Dans un tel cas vous êtes en droit, moyennant un supplément, d'exiger qu'on vous remette la disquette sur laquelle votre thèse a été composée. Insistez, car cela pourra vous être utile si jamais vous décidez d'utiliser ce matériel par la suite. Renseignez-vous sur le programme de traitement de texte utilisé et demandez à voir un exemple de produit final.

Attendez-vous à payer plus cher pour une dactylographie informatisée car le prix comprend habituellement une première correction des coquilles et autres fautes. Si vous décidez de profiter d'une lecture finale pour refaire au complet un chapitre, alors attendez-vous à des négociations ardues.

Si vous avez donné à taper des fragments de votre thèse, il est nécessaire de recomposer l'ensemble d'une manière propre et standardisée. En cas de corrections importantes, le mieux est de retaper entièrement les passages concernés, et de faire des collages soignés et propres. Bien sûr, ce problème ne se pose plus si vous travaillez sur machine de traitement de texte.

Évitez de faire paginer le texte à la machine au fur et à mesure de la frappe. Le mieux est qu'il soit paginé à la main au crayon. La pagination définitive à la machine sera faite lorsque l'ensemble du texte sera prêt; vous pourrez faire établir alors la table des matières, les autres tables et les index. Il faudra vérifier les renvois qu'on aura préalablement et systématiquement signalés par des trombones, des papillons ou autrement.

Le texte tapé doit faire l'objet de plusieurs relectures pour rechercher les erreurs de frappe, fautes d'orthographe, coquilles et autres scories; et pour vérifier la cohérence d'ensemble du texte et apporter, si nécessaire, d'ultimes aménagements. Plusieurs types de relectures sont nécessaires:

1. une lecture calme, phrase à phrase et mot à mot, pour débusquer petites fautes et coquilles;
2. un parcours systématique de l'ensemble de la thèse, pour contrôler les titres, vérifier que rien n'a été omis ou décalé, vérifier l'adéquation de la table des matières, des autres tables et des index;
3. une lecture qui soit un ultime contrôle de la cohérence de fond c'est-à-dire, en fait, une lecture à deux, avec un lecteur qui suit le manuscrit et l'autre le texte frappé,

l'un des deux lisant à voix haute, seul moyen de débusquer phrases ou alinéas omis, erreurs de chiffres ou de dates, etc.; et une lecture (au moins) par un des lecteurs attitrés ou, mieux, par une personne n'ayant encore eu aucune occasion de lire la thèse — ce qui apporte un regard et un jugement extérieurs.

Les corrections doivent être indiquées au crayon; là encore, les signaler par un trombone constitue un bon moyen à la fois pour les retrouver facilement et pour s'assurer que les corrections auront été faites.

On évitera dans la mesure du possible les italiques ou les soulignés. Cette façon d'appeler l'attention du lecteur témoigne le plus souvent de l'incapacité à mettre en valeur une argumentation sans l'utilisation d'artifices. C'est mauvais signe. Ce qui ne veut pas dire qu'on ne doit jamais y avoir recours.

Faut-il préciser qu'on doit aussi éviter les taches de café ou de pizza. Les corrections au correcteur liquide sont acceptables seulement si elles sont exceptionnellement rares.

13

LES DERNIÈRES EXIGENCES
ADMINISTRATIVES

Rares sont les universités qui, comme l'université Laval, publient des livrets où sont consignées toutes les exigences et toutes les informations nécessaires à l'étudiant de maîtrise et de doctorat. Ce sont de véritables petits bijoux du genre. On y trouve même un carnet de formulaires et d'attestations que l'étudiant doit remplir à mesure qu'il franchit les étapes. D'accord, ce carnet a un petit air «école primaire» mais il facilite tellement la vie qu'on est prêt à tout lui pardonner. De toute façon, il est probable que vous aurez à vous promener de bureau en bureau, du département au décanat, de la bibliothèque au bureau des thèses. Donc armez-vous de patience, ne manquez pas les échéances et donnez-vous le temps requis.

☞ La remise du travail

Pour vous faciliter la tâche, voici d'abord un résumé des exigences, étapes et règlements administratifs auxquels vous devez probablement vous conformer. Nous nous sommes grandement inspirés du petit manuel du parfait thésard de l'université Laval. Les exigences varient d'une université à l'autre, mais l'esprit demeure le même.

1. Votre page de titre comporte-t-elle toutes les indications requises par votre université, et ce dans le bon ordre?

- titre de la thèse
- grade postulé
- mois et année du dépôt
- sigle © de droits réservés (si requis)

2. Vos résumés sont-ils prêts?
3. Les parties préliminaires sont-elles là?
   - avant-propos
   - table des matières
   - liste des tableaux, figures, etc.
   - introduction
4. Les sections de la fin sont-elles là?
   - conclusion
   - bibliographie et liste des ouvrages cités
   - annexes
   - index
5. Le format et la qualité du papier rencontrent-ils les normes?
6. La mise en page est-elle claire, lisible et acceptable?
   - espacement
   - pas d'impression (en général, 12 caractères par pouce)
   - hauteur des caractères (en général, 2 mm)
   - citations
   - marges
   - début des chapitres
   - titre des sections
7. Les références et notes de bas de page sont-elles dans les normes?
8. A-t-on respecté les conventions pour les abréviations et symboles?
9. La pagination est-elle conforme?

Les frais de production de la copie originale de la thèse sont généralement à la charge de l'étudiant. Le service de pédagogie universitaire ou l'atelier de cartographie pourront cependant l'aider pour ce qui est des cartes et des dessins.

Certaines universités, dont l'université Laval, versent jusqu'à 350$ pour aider l'étudiant à défrayer la reproduction de la thèse. Comme il faut en général cinq exemplaires pour la procédure d'évaluation, ces frais peuvent être importants.

Une fois la prélecture (ou son équivalent) terminée, la thèse est soumise aux évaluateurs selon les procédures propres à chaque université. C'est ici qu'il faut s'armer de patience. Très souvent, l'étudiant s'attend à ce que tout soit terminé en trois semaines car il a besoin d'une acceptation officielle pour postuler un emploi ou pour être accepté dans une autre université. Or, on accorde généralement un délai de quatre semaines (six en été) aux examinateurs extérieurs pour qu'ils remettent leur rapport. Ajoutez à cela deux mois pour le prélecteur et le directeur de thèse, c'est donc sur un minimum de trois mois qu'il faut compter, et ce en admettant que tout le monde fasse diligence et qu'il n'y ait pas de grève postale. Pendant tout ce temps, vous ne pouvez rien faire pour accélérer les choses. Même si vous arrivez à connaître l'identité des évaluateurs, il est mal vu d'entrer en contact avec eux.

∾ La soutenance

La soutenance fait l'objet de fort belles légendes: il y a les soutenances qui durent cinq heures, celles qui se terminent en duels épiques, celles où le candidat est frappé d'apoplexie, etc. En Amérique et au Québec, les soutenances sont en général un exercice relativement agréable où les discussions peuvent à l'occasion être serrées mais toujours sous le signe de la politesse. Les mémoires de maîtrise ne font pas l'objet d'une soutenance. Voici comment l'université Laval décrit la procédure, description qui rend bien l'atmosphère de tout l'exercice.

1. Objectifs de la soutenance

Si l'on se place dans une perspective d'évaluation continue de la formation, au moment où le candidat est invité à soutenir sa thèse, il est présumé avoir fait la preuve qu'il a acquis, au cours de ses années d'études doctorales, la formation attendue de toute personne à qui l'Université décerne le titre de docteur. Celui-ci doit être capable de mener une recherche originale de façon autonome, capable de présenter par écrit les résultats de cette recherche selon les normes en vigueur et capable aussi bien de présenter oralement une synthèse de sa recherche que de répondre d'une façon compétente aux questions relatives à son domaine de recherche.

Si l'on prend pour acquis que les rapports écrits des examinateurs ont jugé favorablement le candidat quant à sa capacité de présenter un travail de recherche par écrit et qu'ils ont jugé que la thèse écrite faisait la preuve que le candidat était apte à poursuivre des recherches originales de façon autonome, la soutenance, comme ultime étape de l'évaluation continue de la formation, garde les objectifs fondamentaux suivants:

— elle permet de confirmer l'authenticité de la thèse et de porter un jugement définitif sur celle-ci.

— elle permet de vérifier les aptitudes du candidat à la communication orale.

2. Caractère public de la soutenance

En principe, toutes les soutenances de doctorat sont publiques. Une soutenance est dite publique lorsque, au minimum, elle est ouverte aux étudiants et professeurs du département ou de la faculté ainsi qu'aux invités du candidat. Dans certains secteurs, la coutume veut que la soutenance soit précédée ou suivie d'une conférence donnée par le candidat. Cette coutume peut être maintenue, mais elle ne doit pas entraver le caractère public de la soutenance. Tous les étudiants d'un même programme doivent cependant être soumis à la même forme d'exigence.

Le directeur de l'École des gradués peut autoriser qu'une soutenance ait lieu privément, c'est-à-dire en présence des seuls examinateurs, du candidat et du secrétaire de la soutenance.

3. Président et secrétaire de la soutenance

C'est le doyen de la faculté dont relève le programme auquel est inscrit le candidat qui agit comme président de la soutenance.

Toutefois, s'il ne peut être présent à la soutenance, il nomme son représentant et en informe le responsable du comité d'admission et de supervision. Le président de la soutenance assiste aux délibérations qui suivent la soutenance mais n'a pas droit de vote à moins qu'il ne soit membre du jury (...).

4. Exposé du candidat

Après quelques mots de bienvenue et présentation des membres du jury, le président de la soutenance invite le candidat à faire un bref exposé qui dure environ 20 minutes et ne doit pas excéder 30 minutes. Le candidat doit, par là, manifester son esprit de synthèse et sa capacité à s'exprimer oralement sur son sujet de recherche. Il manifestera son aisance si, durant son exposé, il n'est pas rivé à un texte écrit. Dans plusieurs domaines, l'exposé y gagnera en clarté si on a recours à un support audiovisuel (diapositives, acétates, etc.).

Dans son exposé, on attend du candidat:
— qu'il situe brièvement son sujet de recherche et précise le ou les problèmes qu'il voulait résoudre;
— qu'il présente sa méthodologie de recherche;
— qu'il énonce les principales conclusions de sa thèse en faisant ressortir celles qui font l'originalité de son travail.

Si le temps le permet, le candidat peut terminer en évoquant les suites qui pourraient être données à sa recherche.

5. Période de questions

À la suite de l'exposé du candidat, le président de la soutenance, s'il y a lieu, fait un bref compte rendu du rapport écrit de tout examinateur qui ne participe pas à la soutenance, puis il invite chacun des membres du jury à questionner le candidat. On attend de celui-ci qu'il réponde clairement et de façon succincte aux questions qui lui sont posées. Il manifestera par là la maîtrise de son sujet et sa capacité de réagir de façon appropriée dans des situations d'interaction.

Si le veut ainsi l'usage dans le secteur concerné, le président de la soutenance peut inviter les membres de l'assistance à poser des questions au candidat. Pour ne pas retarder indûment la soutenance, la période de questions de l'assistance peut prendre place pendant que le jury délibère. La soutenance dure environ deux heures.

6. Délibérations du jury

La soutenance terminée, le jury se retire pour délibérer. Au cours des délibérations, il est demandé aux membres du jury de porter un jugement définitif sur la thèse du candidat. Le cas échéant, au moins deux examinateurs doivent être d'accord avec une proposition de modification majeure après la soutenance pour que celle-ci soit imposée au candidat.

Les membres du jury sont également invités à donner leur appréciation quant aux aptitudes du candidat à la communication orale. Cette appréciation est indicative et prospective. Elle ne saurait donc à elle seule justifier le refus de l'octroi du grade. Le candidat pourra cependant tirer grand profit dans la poursuite de sa carrière de l'appréciation qui est faite par les examinateurs de ses aptitudes à la communication orale.

Le certificat de soutenance complété, le secrétaire y appose sa signature. Il invite ensuite les membres du jury et le président de la soutenance à signer une attestation de soutenance qui sera incluse dans la thèse.

7. Annonce de la décision

De retour dans la salle, le président de la soutenance fait part au candidat de la décision des membres du jury d'accepter la thèse à l'unanimité ou à la majorité des voix ou, le cas échéant, de la refuser.

L'appréciation des membres du jury relativement à la qualité de la présentation orale du candidat et, le cas échéant, tout autre commentaire formulé par les membres du jury sont confidentiels et seront communiqués au candidat par le directeur de l'École des gradués dans les quelques jours qui suivent la soutenance.

En France on a vu des soutenances de thèses d'État devenir de véritables batailles rangées entre tenants d'écoles opposées. Au Québec, on ne connaît pas d'exemples de ce genre de «débats» intellectuels. Par contre, il arrive, très rarement il faut le dire, qu'un des évaluateurs ait des réticences très sérieuses et en vienne même à recommander que des modifications majeures soient apportées avant acceptation du document. Ce genre d'intervention est plus fréquent dans le cas de travaux empiriques. Par exemple, si un évaluateur un peu futé se met à recalculer quelques coefficients de corrélation et découvre que le degré d'association entre le revenu familial et le nombre de jours de vacances n'est pas de 0,78 mais de 0,07, il est certain qu'il demandera que les corrections appropriées soient apportées.

Que faire lorsqu'on reçoit la mauvaise nouvelle? Premièrement, ne pas paniquer. Deuxièmement, ne pas crier à la conspiration, à la discrimination ou à l'incompétence, et ce même si vous avez de bonnes raisons de soupçonner qu'il en est ainsi. Empressez-vous de consulter les règlements de votre faculté concernant ces cas. Ils sont en général très précis. À l'époque des chartes des droits de la personne, on ne laisse rien au hasard.

Voici le genre de formulaire que les universités fournissent aux évaluateurs. Il vous donnera une idée de ce à quoi vous pouvez vous attendre (il s'agit encore une fois de celui de l'université Laval).

Partie I:
RAPPORT DÉTAILLÉ SUR LA THÈSE DE DOCTORAT

Nom de l'étudiant ou étudiante...

Nom de l'examinateur ou examinatrice...........................

Première section: Valeur scientifique
Originalité du sujet; cohérence dans la structure et l'articulation des parties de la thèse; utilisation correcte de la documentation; méthodes appropriées; rigueur dans l'argumentation et le traitement des sources et des données ainsi que dans l'analyse des résultats et leur interprétation; portée et caractère novateur des résultats et des conclusions.

Deuxième section: Qualité de la présentation
Précision et clarté du style, correction de la langue, qualité des illustrations et des tableaux, références bibliographiques. S'il y a lieu porter en annexe la liste des corrections mineures de langue et erreurs typographiques.

Partie II:
JUGEMENT D'ENSEMBLE
SUR LA THÈSE DE DOCTORAT

La thèse est acceptable et j'en recommande la soutenance

Je la considère:

☐ Excellente   ☐ Très bonne   ☐ Bonne

La thèse répond aux objectifs d'une thèse de doctorat et ne comporte pas de déficiences au plan scientifique ou dans sa présentation qui en invalident la démarche ou dont la correction nécessiterait la refonte de l'une ou l'autre de ses parties. Le cas échéant, le candidat ou la candidate apportera à sa thèse les quelques corrections mineures relevées par les examinateurs ou examinatrices.

La thèse sera acceptable après révision satisfaisante

La thèse requiert des améliorations ou corrections importantes identifiées dans le rapport détaillé. La soutenance est donc recommandée avec réserves. Si plus d'un examinateur ou examinatrice porte ce jugement sur une thèse, l'École des gradués, après consultation des examinateurs ou examinatrices, pourra imposer au candidat ou à la candidate d'apporter des modifications à sa thèse avant la soutenance. Ces modifications se feront sous la surveillance de la personne désignée pour effectuer le contrôle.

La thèse est inacceptable

La thèse ne répond pas aux exigences minimales d'une thèse de doctorat. Elle comporte des déficiences au plan scientifique ou dans sa présentation qui l'invalident totalement; elle ne peut être admise à la soutenance. Dans tous les cas où un examinateur ou une examinatrice juge la thèse inacceptable, l'École des gradués rencontre l'ensemble des examinateurs et examinatrices et avise en conséquence. Si le candidat ou la candidate se voit accorder un droit de reprise, la thèse sera normalement réévaluée par les mêmes examinateurs ou examinatrices.

Partie III:
COMMENTAIRES GÉNÉRAUX
ET AUTRES COMMENTAIRES

....

....

....

....

Si la thèse est «acceptée», il se peut cependant que vous deviez y apporter des corrections mineures (orthographe). On vous fournira habituellement une liste de ces corrections et il n'est pas nécessaire de les effectuer avant la soutenance. Elles seront apportées aux versions officielles de la thèse que vous déposerez auprès de la bibliothèque et de la faculté. Vous disposerez de quelques semaines pour le faire.

Si un examinateur suggère des corrections majeures, il est impératif d'obtenir des renseignements précis sur la nature de ces corrections, et surtout sur les mécanismes d'approbation des corrections. L'examinateur récalcitrant devra-t-il les accepter? L'approbation du directeur sera-t-elle suffisante?

Là où les choses se compliquent c'est lorsqu'il y a dissensions graves entre les membres du jury. Par exemple, si un évaluateur exige des modifications à tel chapitre mais que les autres membres du jury s'y opposent, c'est la pagaille. Dans un tel cas, vous pouvez en appeler au doyen mais la coutume (et certains règlements) veut que, si les demandes de modifications sont considérées inacceptables par une majorité des membres du jury, la thèse est quand même acceptée.

Avant, pendant et après la soutenance, vous demeurez toujours le «propriétaire» de votre thèse. Vous pouvez donc l'utiliser pour écrire quelques articles scientifiques, ou même publier un livre; si vous décidez de le faire avant qu'elle ait été officiellement acceptée, il est de mise que vous en parliez à votre directeur.

Une fois la thèse acceptée, sa publication ne constitue pas une exigence pour l'obtention du diplôme. Vous pouvez donc la laisser dormir dans votre placard.

Il est possible, sous certaines réserves, d'obtenir que votre thèse ne soit pas publiée si vous jugez que les matériaux qu'on y trouve sont hautement confidentiels. Mais il est probable que cette permission vous sera refusée; évitez donc de vous avancer trop loin avec vos informateurs. Au mieux, on vous permettra peut-être de soustraire une partie ou des annexes de votre thèse au regard public.

Par souci de protection de ses droits d'auteur ou d'un brevet d'invention, le candidat peut obtenir que l'université diffère l'utilisation et la circulation de la thèse, de telle manière que ni les résumés ni la thèse ne puissent être acheminés au microfilmage ni être disponibles pour consultation ou prêt avant l'expiration d'une certaine période. Lorsque la thèse d'un étudiant se fait dans le cadre d'un projet de recherche subventionné, elle est normalement soumise aux restrictions imposées par les organismes subventionnaires et acceptées par l'université. Mais assurez-vous d'être informé des restrictions imposées.

Est-il besoin, par contre, de préciser que votre directeur ne peut utiliser votre thèse d'aucune façon sans votre consentement. Il peut cependant s'y référer sous forme de citation dans ses travaux.

Si votre thèse comporte la possibilité d'un brevet d'invention, consultez *très rapidement* les responsables des questions de propriété intellectuelle.

C'est habituellement l'université qui se charge de faire microfilmer votre thèse. C'est une merveilleuse idée car, de cette façon, votre thèse risque de circuler plus facilement. C'est aussi l'université qui se chargera de prévenir les compilateurs de bibliographies et de répertoires de l'existence de votre «œuvre».

14

CES MERVEILLEUSES
MACHINES TRAITANTES

Ce chapitre s'adresse à ceux qui utilisent déjà un appareil de traitement de texte, à ceux qui ont l'intention de s'en procurer un bientôt, à ceux qui estiment ne pas en avoir besoin et finalement à tous ceux qui ont juré que jamais ils n'utiliseraient ces machines infernales. Bref, il s'adresse à tout le monde.

Pour ceux qui envisagent avec un mélange de crainte et d'envie la possibilité d'utiliser le système de traitement de texte mis à leur disposition par l'université, il ne faut pas hésiter une seconde. Allez-y et, si possible, apprenez à vous servir vous-même du logiciel d'écriture. Évitez surtout l'erreur d'engager quelqu'un d'autre pour le faire à votre place.

Mais l'idéal serait que vous possédiez votre propre appareil. La rédaction d'une thèse est le moment ou jamais de prendre une telle décision. Dans dix ans, alors que vous aurez oublié jusqu'à la table des matières de votre travail, vous vous souviendrez encore du moment bienheureux où vous avez choisi de vous lancer sur la voie de l'informatisation.

Certes il s'agit d'une dépense importante mais elle en vaut la peine. Ne faites surtout pas l'erreur d'attendre l'année prochaine sous prétexte que les prix vont baisser et que de nouveaux produits vont révolutionner le marché. C'est vrai, et puis après? Vaut-il la peine de se passer d'une invention sous prétexte que dans vingt ans elle aura été perfectionnée et sera plus abordable? Ceux qui ont tenu ce discours il y a cinquante ans attendent toujours d'utiliser l'avion ou l'automobile. Même aux prix actuels, le traitement de texte vaut largement son pesant d'or.

Naturellement, vous n'êtes pas obligé de vous «informatiser». Loin de là. L'informatisation n'améliorera pas nécessairement la qualité de votre thèse. Il est certain par contre qu'elle vous facilitera la vie.

☞ Le choix du matériel et du logiciel

Il existe tellement de configurations sur le marché qu'une puce y perdrait son fortran. Voici tout de même quelques conseils.

—Assurez-vous que le programme de traitement de texte que vous comptez utiliser fonctionne parfaitement avec l'ordinateur que vous êtes sur le point d'acheter.

—Il vous faut un ordinateur avec une puissance raisonnable, soit au moins 256K et passablement plus si vous comptez utiliser l'un ou l'autre des nouveaux logiciels de traitement de texte.

—Un disque rigide n'est pas essentiel, mais vous devez absolument posséder deux unités de disques. Si vous comptez utiliser par la suite votre ordinateur pour votre travail, mieux vaut l'équiper tout de suite d'un disque rigide. Vous ne le regretterez pas par la suite.

—Inutile de vous acheter un écran couleur, sauf évidemment si vous comptez «jouer» avec votre ordinateur. (Allez-vous vraiment passer vos soirées à vous reposer en apprenant à piloter un avion «électronique» quand vous aurez bûché électroniquement une partie de la journée sur votre deuxième chapitre?) Pour le traitement de texte, il est indispensable d'utiliser un écran vert ou ambre. En passant, oubliez tout de suite les histoires d'horreur sur les écrans cathodiques. Une bonne chaise et un grillage antireflet sont tout ce qui est nécessaire pour les apprivoiser.

—N'investissez pas une fortune pour une imprimante. De ce côté, la technologie change très rapidement et il vous sera toujours possible d'aller faire imprimer votre texte final chez un ami qui possède une imprimante de haute qualité. Il existe des entreprises spécialisées qui se chargeront pour une somme modique, d'imprimer votre texte avec une imprimante laser.

Depuis quelque temps les grandes batailles autour de l'identité du meilleur logiciel de traitement de texte se font rares. WORD, WORDSTAR, XYWRITE, lequel choisir? Pour ne pas avoir à les ranimer, dites-vous tout d'abord que, au haut de l'échelle de qualité, tous les logiciels se valent plus ou moins; ensuite que, une fois que vous aurez fait votre choix et que vous aurez investi quelques semaines à maîtriser un logiciel, ce dernier deviendra automatiquement le «meilleur système au monde» (pour vous tout au moins); enfin que, quel que soit votre choix, on viendra toujours vous dire que vous auriez dû choisir autre chose.

On peut diviser les logiciels en deux grandes catégories: ceux qui ont été développés au Québec et les autres. Parmi les logiciels «made in Québec», mentionnons ÉCRIVAIN PUBLIC, RÉDACTEUR, SECRÉTAIRE PERSONNEL et ULTRATEXTE. À part ce dernier, et encore, ces logiciels ne sont pas assez puissants pour vous permettre de rédiger une thèse, ou de faire du travail intellectuel sérieux. Oubliez-les. Parmi les autres, les candidats les plus sérieux sont: WORDSTAR, WORDPERFECT, XYWRITE, WORD, VOLKSWRITER, MULTIMATE, DISPLAY WRITER et NOTA BENE. Voici quelques commentaires sur les plus intéressants.

XYWRITE a été conçu spécialement pour ceux qui écrivent de longs textes. C'est un logiciel très complet mais qui n'a jamais vraiment su s'imposer à cause de sa complexité. Par contre, ceux qui l'utilisent ne jurent que par lui. Son principal avantage est d'exister en version québécoise XYTEXTE. Rien que pour cette raison il mériterait d'être choisi. NOTA BENE est relativement inconnu au Québec. Il s'adresse particulièrement aux chercheurs universitaires. Le fait qu'il ne soit guère utilisé ne devrait cependant pas vous arrêter, car de l'avis de tous c'est le meilleur produit sur le marché. Il est peut-être même trop sophistiqué pour la simple rédaction d'une thèse.

En fait, WORD et WORDPERFECT sont les deux principaux candidats au titre de «logiciel par excellence». Ce ne sont peut-être pas les meilleurs, mais ils sont les plus largement répandus. WORDPERFECT est légèrement plus facile à apprendre et à utiliser mais WORD est peut-être plus souple.

Ces logiciels existent tous dans des versions françaises mais qui ne sont guère utiles au Québec où on est habitué à des claviers différents. En repositionnant certaines touches sur le clavier, il est cependant facile de québéciser les versions anglaises de ces logiciels. Certaines versions en vente au Québec ont déjà été «traitées» de la sorte. Bannissez jusqu'à l'idée d'utiliser un logiciel anglais et de rajouter ensuite à la main les accents.

Il est vrai que vous pouvez utiliser votre traitement de texte exactement de la même façon que vous utilisiez auparavant votre dactylo ou votre stylo. Certains le font, sans toutefois réaliser qu'ils nagent alors en plein ridicule. Pourquoi payer 1500$ pour continuer à reproduire une façon de travailler qui, en somme, leur réussissait déjà assez bien? Si vous n'avez pas la moindre intention de vous laisser embarquer, si vous ne voulez pas apprendre de nouveaux trucs, alors ne gaspillez pas votre argent.

Cela dit, il n'est pas facile de démontrer la supériorité du traitement de texte sur le stylo. D'abord parce que les études scientifiques, du genre de celles que les pédagogues et les psychologues conduisent régulièrement, viennent à peine de commencer. Ensuite parce que la satisfaction que procure le traitement de texte n'est pas exclusivement du domaine du quantitatif et du rationnel. L'émotion et l'esthétique y jouent un rôle de premier plan. Comment voulez-vous quantifier et comparer ce genre d'expérience?

∞ L'apport de l'ordinateur

Mais revenons au processus d'écriture. On peut l'envisager à la fois dans son aspect physique et sa dimension cognitive[1]. Comme il ne s'agit pas ici d'un ouvrage sur la psychologie et la sociologie de l'écriture, nous nous limiterons à une présentation de la contribution du traitement de texte à chacun de ces aspects du processus d'écriture.

Toux ceux qui ont passé quelques heures penchés sur un texte ou installés devant l'écran savent que l'écriture est avant tout une activité physique. Le doigt engourdi ou le mal de dos sont là pour en témoigner. On a beau avoir le plus beau stylo, écrire demeure toujours un exercice physique qu'il faut chercher à accomplir dans les meilleures conditions.

Pendant les premières années de notre apprentissage, on se satisfait pleinement de la dimension physique de l'écriture: bien tenir son stylo, tracer de beaux ronds, ne pas oublier de fermer le haut de ses «a». Il ne faudrait surtout pas croire que cette dimension «esthétique» est disparue avec le temps.

L'ordinateur, en tout cas, en tient compte. À tout moment, vous pouvez disposer d'une copie dactylographiée de votre texte; cela procure une immense satisfaction, celle de «voir», de peser et de palper ce que vous avez déjà accompli. Vous pouvez ainsi vous relire plus facilement et inscrire vos corrections plus lisiblement. Vous pouvez faire lire une copie

---

1. Nous empruntons ce cadre d'analyse à Colette Daiute, *Writing and Computers,* Reading, Mass., Addison-Wesley, 1985. Nous nous sommes aussi inspirés du livre de Christine Hult et Jeannette Harris, *A Writer's Introduction to Word Processing*, Belmont, Cal., Wadsworth Publishing, 1987.

présentable de votre texte à des collègues. Un texte dactylographié occupe toujours moins d'espace et se transporte plus facilement.

Mais c'est surtout pour ce qui est du travail d'édition et de correction que l'apport de l'ordinateur est le plus manifeste. Fini les ciseaux et la colle. Vous pouvez à votre guise modifier l'ordre des paragraphes, ajouter une phrase ou 40 pages si le cœur vous en dit. Tout cela se fait instantanément, sans bavure et même avec une certaine élégance. Et ce n'est pas tout. Vous pouvez laisser à votre intention des messages à l'intérieur du texte, messages qui apparaîtront ou non sur votre version imprimée. Vous pouvez aussi, en plein milieu d'une phrase, griffonner sur un autre fichier quelques notes pour un chapitre ultérieur. Quant aux tableaux, plus besoin de paniquer à l'idée de retaper pour la nième fois le même gabarit. Avec l'ordinateur vous établissez ce gabarit une fois pour toutes et vous le répétez, seuls les chiffres et les titres changent.

Chacun a sa façon d'écrire. Certains soupèsent chaque mot avant de le figer sur papier. D'autres y vont allégrement sans se préoccuper du style. Certains aiment bien se donner un plan précis alors que d'autres préfèrent improviser. Il n'y a pas de règle, dira-t-on. Mais si, justement! Rédiger un texte, c'est le préécrire, l'écrire proprement dit et le récrire. Ces trois étapes sont essentielles et même si elles ne se déroulent pas de façon nécessairement séquentielle, nous nous y adonnons tous dans un ordre et selon un modèle qui nous sont propres.

Préécrire un texte, c'est avant tout y penser. Avant même que les mots se forment sur papier ou à l'écran, il a fallu les faire surgir et les organiser dans un tout cohérent. Vous vous en doutez, cela ne se fait pas tout seul. La composition du texte suit habituellement, quelques minutes ou quelques années plus tard, l'étape de la préécriture. C'est ici que vous donnez à votre matériel une forme permanente. Ce premier brouillon, quelle que soit sa valeur, demeure toujours un brouillon. Il vous faudra le réviser, le corriger et le vérifier. Il se peut même que vous décidiez de ne pas y piger une seule virgule. Possible mais peu vraisemblable. Mais peu importe. L'activité de réécriture est quand même présente.

Ces activités distinctes ne sont cependant pas des séquences mutuellement exclusives. Nous préécrivons constamment même lorsque nous révisons un texte. On n'arrête pas de penser sous prétexte qu'on relit son texte pour une dernière vérification de l'orthographe. De même qu'on surveille déjà l'orthographe en pleine composition. L'informatique ne fera pas de vous un écrivain, et votre ordinateur, laissé à lui seul, ne rédigera pas un seul chapitre de votre thèse. Il peut cependant vous faciliter la tâche pour chacune de ces étapes.

L'accumulation n'est pas à proprement parler une activité d'écriture. Prendre des notes, ce n'est pas écrire. Mais les deux activités ne sont pas aussi indépendantes qu'on voudrait bien le croire. Que vous attendiez d'avoir accumulé le maximum des notes avant de commencer la rédaction; que vous rédigiez des sections ou des parties de thèse, du moins dans une forme préliminaire, au fur et à mesure des notes que vous accumulez; ou que vous y alliez un peu pêle-mêle en accumulant beaucoup de notes sur une partie, en rédigeant des sous-sections d'un autre chapitre, etc., il existe des logiciels spécialisés — SQUARE-NOTES, par exemple — qui pourront vous faciliter la tâche. L'informatique vous permet en effet de travailler vos notes de façon plus intensive et d'utiliser directement certaines notes, les citations entre autres, sans avoir à les recopier.

Jusqu'ici la fiche ou le résumé ont constitué les moyens privilégiés pour accumuler de l'information. Il n'est pas rare de voir des étudiants se promener avec leurs tiroirs de fiches. Le problème avec toutes ces fiches est de pouvoir en maximiser l'utilisation sans que cela ne draine toutes vos énergies. Grâce au traitement de texte vous pouvez inscrire sur chacune de vos fiches un ou plusieurs codes, par exemple A pour définition, B1 pour chapitre 1, C1 pour revue de la littérature américaine, etc., code qui vous permettront de classer et de reclasser vos notes sans avoir à manipuler des tas de feuilles.

155

Avec un peu d'ingéniosité vous pourrez aussi organiser votre fichier de façon telle que vous puissiez en importer des extraits directement dans votre texte. Plus besoin de recopier des citations. Grâce à la technique des «fenêtres» vous pourrez aussi à tout moment, sans sortir de votre texte, consulter vos notes et importer une citation ou un tableau.

Si vous travaillez avec des statistiques et produisez un grand nombre de tableaux, cette possibilité de passer de vos notes à votre texte vous sera d'une grande utilité. Certains logiciels de traitement statistique comprennent aussi des programmes de traitement de texte. Plus besoin de multiplier les aller et retour avec le centre de calcul.

Préécrire un texte, dans sa tête ou sur papier, implique que l'on mette en rapport l'information que l'on a recueillie pour les fins spécifiques du texte que l'on veut écrire avec celle qu'on possède déjà. Ce stock d'informations déjà accumulé est nécessairement très vaste. Il comprend tout ce que nous savons sur la langue que nous comptons utiliser, sur les modes de raisonnement et les techniques d'argumentation, sans oublier nos connaissances générales.

Comment mettre tout cela ensemble? On peut certes y arriver en n'utilisant que sa tête, sans aucun support écrit, en étudiant attentivement le matériel documentaire accumulé. Certains y arrivent. À force de regarder, reclasser et réaménager leurs notes, ils réussissent à se faire une idée à la fois du plan et du contenu de ce qu'ils vont dire. Ils se mettent alors à rédiger sans jamais avoir au préalable griffonné une seule ligne.

C'est l'exception. La majorité utilise, sans le savoir le plus souvent, tout un arsenal de techniques pour faciliter la tâche de préécriture. La plus connue est sans doute celle du «remue-méninges» (*brainstorming*). On l'associe généralement à une discussion de groupe d'où surgissent (parfois) quelques éclairs de génie. Le traitement de texte peut vous permettre d'arriver au même résultat. Il suffit de vous créer un ou plusieurs fichiers d'idéations dans lequel vous laisserez votre esprit courir librement à partir d'un sujet donné. Le résultat vous surprendra. Vous y trouverez pêle-mêle des idées, des mots, des bouts de phrase, des suites de raisonnement. L'objectif est d'arriver à générer le plus grand nombre de pistes possible sans se perdre dans l'exploration en profondeur.

Pour commencer il faut s'interroger sur l'idée qu'on veut transmettre, sur les façons d'y arriver, les réactions possibles de l'auditoire, les pièges à éviter, les arguments à privilégier. En mettant ainsi de l'ordre dans ces objectifs, une multitude d'idées va vous venir à l'esprit.

Une fois que vous aurez bien remué vos méninges, contemplez le résultat obtenu. Essayez d'organiser ce matériel. Griffonnez. Essayez de classer tout cela en catégories et sous-catégories. Faites de petits dessins. Allez-y de flèches entre des idées. L'essentiel est de ne pas se laisser arrêter par les contraintes physiques de l'écriture. Ne vous préoccupez donc pas d'écrire des phrases au long ou de construire des paragraphes. Jouez avec vos idées et non avec les mots!

L'ordinateur peut grandement vous faciliter la tâche. Pour chaque famille d'idées ouvrez un fichier distinct. Par exemple, dans votre fichier THÉORIE, vous inclurez pêle-mêle tous les éléments que vous avez déjà accumulés, des idées qui vous passent par la tête, etc. Avec l'aide du curseur et des commandes de déplacements de paragraphes vous pouvez alors sans problème, ajouter ou enlever des mots et des phrases, réaménager l'ordre ou préciser certains termes. Grâce à certaines clés, vous pourrez vous laisser, ici et là dans votre texte, des messages invisibles du genre «Aller voir la définition dans le dictionnaire» ou «Voir ce que Dumont dit à ce propos dans la préface de son livre». Ces messages n'apparaîtront pas sur l'écran de sorte que vous ne serez pas distrait. Mais n'ayez crainte, vous pouvez les faire surgir au bon moment.

Bon nombre de logiciels offrent la possibilité de travailler avec la technique du «canevas», ou de l'esquisse (*outline*).

C'est une façon habile de vous aider à organiser vos idées. Lorsque vous opérez en mode canevas, chacun de vos paragraphes est placé en retrait par rapport à ceux qui le précèdent, selon un ordre que vous aurez présélectionné. Il suffit d'appuyer sur une touche pour qu'automatiquement votre curseur se place en retrait à l'endroit où vous le voulez sans que vous ayez à faire les ajustements nécessaires; tout est toujours parfaitement aligné et vous pouvez ajouter autant de niveaux que bon vous semble. En voici un exemple:

A. Les grands traits de la politique familiale
du Parti québécois
   1. Ouverture sur le marché
      a. les possibilités d'action
      b. les limites
         i. réglementaires
         ii. fiscales
         iii. constitutionnelles
      c. les exceptions
   2. Une volonté d'atteindre l'égalité
      a. la dénomination des inégalités
      b. le rôle du Conseil de la femme
      c. les pressions fédérales
B. Les structures prévues dans le Livre blanc de 1978
   1. Le Conseil national de la famille
   2. Les conseils régionaux
      a. leur composition
      b. leur pouvoir
      c. leurs responsabilités
   3. les mécanismes de liaison
      a. fédéraux-provinciaux
      b. interprovinciaux

Vous avez alors la possibilité de refaire votre canevas, de l'allonger, de le préciser, de le simplifier. Il est même possible de l'utiliser pour élaborer votre texte.

Il existe plusieurs façons de rédiger un texte. Certains préfèrent composer à partir de notes brèves ou d'esquisses de phrases. D'autres choisissent de composer des paragraphes entiers qu'ils rassemblent ensuite. Certains suivent un plan précis alors que d'autres y vont un peu au hasard. Rassurez-vous: l'électronique ne pourra composer à votre place. Il vous faudra quand même aligner des mots. Les logiciels de traitement de texte peuvent toutefois vous faciliter la tâche en vous permettant de jouer avec vos paragraphes et vos phrases. Les tâches de révision cessent d'être un pensum pour devenir un véritable jeu où votre texte prendra sa forme définitive.

Imaginez un instant que vous venez de terminer un chapitre dont vous êtes particulièrement fier: vingt-cinq pages, quinze notes de bas de page, quatre tableaux, deux graphiques. Après avoir laissé dormir votre chapitre pendant quelques semaines, vous décidez d'y revenir. En fait vous commencez à douter quelque peu de certaines de vos affirmations. Afin de vous en faciliter la relecture, vous vous en faites imprimer une copie à triple interligne afin de pouvoir mieux travailler. Pour le plaisir, vous décidez alors d'utiliser un logiciel spécialisé dans l'analyse littéraire. En français, ils sont encore rares, mais certains logiciels anglais pourront vous servir.

Certes il faut les utiliser avec précaution mais les résultats ne manqueront pas de vous étonner. Vous pourrez ainsi compter le nombre de mots et identifier ceux qui se répètent; évaluer la longueur moyenne de vos phrases, de vos paragraphes; identifier les paragraphes les plus longs; identifier les erreurs de ponctuation les plus simples (majuscules, guillemets qui manquent); identifier certaines fautes qui passent souvent inaperçues: lettre en double («llivre»), mot dédoublé, etc. On annonce pour très bientôt des logiciels français qui permettront de faire beaucoup plus.

Il existe déjà sur le marché des dictionnaires et des thesaurus qui corrigeront vos fautes d'orthographe et vous suggéreront des synonymes. Leur utilisation est facile. Certains programmes sont interactifs. Un signal sonore vous avertira si vous êtes en train de commettre une erreur. Et si vous trouvez un peu énervant de vous faire interrompre à la moindre faute de frappe, vous n'aurez qu'à recourir au dictionnaire une fois le texte complété. Le logiciel identifiera alors tous les mots à l'orthographe douteuse. Vous pouvez aussi faire appel à la fonction thesaurus pour obtenir des suggestions de synonymes. Ce qui est plus utile que vous ne le croyez.

Une fois ces travaux préliminaires complétés, il faut vous attaquer au gros œuvre. C'est la relecture lente du texte pour en améliorer le style et surtout pour en vérifier la cohérence, la logique et l'articulation. Le logiciel ne le fera pas à votre place. Il vous permet par contre d'effectuer vos corrections avec facilité. Rien de plus facile alors que d'éliminer un mot, raccourcir une phrase et reformuler un paragraphe.

15

LES PUBLICATIONS

Votre diplôme obtenu, que convient-il de faire de votre thèse? Probablement rien. Et c'est tant mieux ainsi. Ne pensez surtout pas que si votre thèse va dormir sur une tablette c'est signe que l'expérience aura été un échec. Une bonne partie des livres qui s'entassent dans nos bibliothèques universitaires ne seront jamais consultés. Mais peu importe. Ils existent. Ils ont été écrits. C'est là l'essentiel. Chacun d'eux constitue un maillon, le plus souvent anonyme, de la chaîne du savoir humain.

Évidemment un auteur préfère toujours être lu. Mais rares sont ceux qui ont cet honneur. Il ne faut pas se décourager pour autant. C'est souvent par son travail d'écrivain et non par son public que l'auteur arrive à laisser sa marque. Écrire un livre, ou une thèse, c'est réaffirmer que l'on croit au travail de l'esprit.

Tout cela ne vous convainc pas! Vous avez l'intention de publier un livre. Vous ne voulez pas que tout ce travail sombre dans l'oubli. Vous croyez détenir un bon filon. Vous êtes convaincu de tenir entre les mains l'ébauche d'un best-seller. Vous avez besoin d'une publication pour vous trouver un emploi. Peu importent les raisons. Vous êtes décidé. Alors que faire?

Avant même d'envisager sérieusement la transformation de votre thèse en livre, vous devez, primo, consulter le livre

161

d'Eleanor Harman et Ian Montagnes, *The Thesis and the Book* (Toronto, University of Toronto Press, 1976). Certes c'est en anglais, mais c'est aussi le seul livre qui traite des problèmes que vous allez rencontrer. (Bon nombre des commentaires qui suivent sont tirés de ce livre.) Secundo, vous ne devez, sous aucun prétexte, faire parvenir votre thèse à l'éditeur avec un petit mot lui confirmant que vous êtes prêt à faire quelques changements s'il accepte de publier votre manuscrit. C'est le genre de colis qui met un éditeur de mauvaise humeur.

❧ L'article scientifique

Dans le cas d'un mémoire de maîtrise, la situation est relativement simple. Il est rare qu'un tel travail puisse être transformé en livre. Il faudra alors vous «contenter» d'un article dans une revue scientifique. Et c'est tant mieux ainsi. Il s'agit habituellement d'une transformation relativement facile à réussir et l'envergure du mémoire s'y prête bien (100-125 pages). Évidemment si on vous a laissé vous étendre sur 400 pages, ce ne sera pas facile!

Dans plusieurs départements universitaires, on définit le mémoire de maîtrise comme un article de revue en puissance. Il suffit alors d'éliminer les longueurs, de réduire au minimum le recensement de la littérature et de résumer les considérations méthodologiques. Auparavant, vous aurez cependant pris soin de feuilleter la revue à laquelle vous destinez votre article, question de vous familiariser avec le style, la longueur et le genre d'articles qu'on y accepte. Au besoin, consultez votre directeur de thèse ou un membre du comité de lecture. Il ne reste plus alors qu'à vous conformer aux exigences de présentation imposées par la revue.

C'est maintenant que l'informatisation de la thèse prend tout son sens. À partir d'une copie de votre manuscrit original, il vous sera facile de construire un autre texte. Voici quelques règles qui devraient vous faciliter la tâche.

1. Éliminez sans même y regarder de près avant-propos, index, présentations et remerciements.

2. Essayez par tous les moyens d'en arriver rapidement à un texte de 60-70 pages. Ce sera votre copie de travail. Pour ce faire, vous devrez sacrifier des chapitres ou des sections en entier. N'hésitez pas. Il est impossible de réduire un texte de 50 pages en se contentant d'éliminer un paragraphe ici et là.

3. Reconstituez ensuite les liens entre les diverses parties de votre texte. N'hésitez pas à renvoyer le lecteur à votre thèse.

4. Définissez la structure de votre argumentation afin de la faire correspondre au format de l'article scientifique. Il vous faudra probablement concentrer votre argumentation et réduire la portée de votre démonstration. Le bon article scientifique se limite ordinairement à la présentation d'une seule idée.

5. Éliminez toutes les divisions et les subdivisions. Tenez-vous-en à une numérotation très simple. Pas de 2.1.2.4 ni de (A) (a) (i).

6. Les articles ne comprennent habituellement pas de bibliographie. Intégrez ces renvois dans votre texte et utilisez à bon escient les notes de bas de page.

Et puis tentez le tout pour le tout. Le pire qui puisse vous arriver c'est qu'on vous dise non. Si c'est le cas, vous aurez au moins la satisfaction d'apprendre (enfin) ce qui n'allait pas avec votre thèse et que votre directeur n'a jamais trouvé le temps de vous dire. De toute façon, c'est sans danger puisqu'on ne peut plus vous enlever votre diplôme.

ᴥ De la thèse au livre

Rares sont les thèses de doctorat qui deviennent des livres. Encore plus rares sont celles qui se transforment en très bons livres. Quant aux best-sellers, ils sont à peu près inexistants, sauf dans la légende. Est-ce à dire que la thèse est un produit incommunicable, sans intérêt pour une majorité de lecteurs et invendable? Probablement! Mais encore une fois, là n'est pas la question. Les objectifs et la logique d'une thèse appartiennent à un univers différent de celui du livre. Ces deux mondes peuvent se ressembler et on trouve de nombreux livres qui ont toutes les apparences d'une thèse, surtout s'ils sont publiés par des maisons sérieuses. Mais les apparences sont trompeuses.

La raison d'être d'une thèse est de montrer à un groupe restreint d'individus, le comité des évaluateurs, que le candidat possède les qualités requises pour mener à bien des travaux de recherche. On s'attend que cette démonstration ne laisse aucun doute. Le candidat doit donc recueillir tous les faits dont il a besoin, les organiser dans un tout cohérent, en principe selon un cadre théorique, en démontrer l'articulation, etc. Il doit en outre clairement établir que son sujet est original et pertinent, qu'il a su l'intégrer dans les travaux qui l'ont précédé et qu'il va pouvoir donner suite à d'autres réflexions.

Pour arriver à ses fins, le candidat aura pris soin de délimiter son sujet de manière à se donner le maximum de chances. À la limite, la définition et l'envergure de ce sujet importent peu, ce qui compte c'est l'utilisation qu'il pourra en faire pour établir sa crédibilité de chercheur. D'ailleurs ses lecteurs n'ont pas le choix. Ils sont obligés de lire sa thèse et ils la liront de manière à pouvoir répondre à cette seule question: «Ce candidat semble-t-il avoir les aptitudes requises pour mener à bien des recherches scientifiques?»

La préparation d'une thèse est réglée comme un ballet d'opéra. Chaque étape, chaque geste fait l'objet d'un encadrement précis. On est en plein rituel. La thèse n'est pas encore écrite qu'on sait déjà l'allure qu'elle aura. Elle existe, du moins comme concept, en dehors de son auteur. Pas une seule ligne n'aura été écrite que déjà une bonne demi-douzaine de personnes en auront discuté comme s'il s'agissait d'un produit fini. Le directeur, le candidat, les membres du comité, les lecteurs, chacun a sa petite idée sur ce que devrait être le manuscrit.

La thèse n'est que transition. C'est une étape. Si le candidat la franchit, il pourra aspirer à écrire des livres et à enseigner. Pourtant la thèse en soi a fort peu à voir avec ces expériences ultérieures. On se contente de parier que celui qui réussit cette étape saura trouver en lui les ressources pour affronter les autres.

Le livre par contre est un produit fini. Il doit se consommer comme tel. S'il ne dit pas toute son histoire, il est un échec. Sauf exception, on n'est guère intéressé par le cheminement de son auteur. Peu importe vraiment la façon dont le livre a été écrit. Ce qui compte, c'est le produit qu'on a entre les mains.

L'auditoire n'est plus le même. Certes, l'auteur peut encore compter sur les spécialistes du sujet (du moins c'est à espérer), mais il lui faut penser à ce millier de lecteurs potentiels qui ont besoin d'être convaincus d'acheter le livre. Ce n'est pas suffisant de croire que ces individus existent et qu'ils ont un intérêt quelconque dans ce livre. Il faut les convaincre de dépenser 20$ et peut-être se priver ainsi d'un autre livre beaucoup plus près de leur champ de spécialisation.

L'auteur doit attirer et retenir leur attention. Ces lecteurs potentiels vont feuilleter le livre sur un comptoir de librairie. Ils vont regarder la table des matières, lire les pages couvertures, apercevoir l'introduction. C'est à ce moment que cela se joue. Si votre livre ressemble à une thèse de doctorat, c'est foutu. Rares sont ceux qui s'intéressent à ce genre d'exercice et, mieux vaut vous le dire tout de suite, vos premiers pas comme chercheur ne sont d'un grand intérêt que pour vous, votre famille, vos amis... et encore!

Si vous n'êtes pas tout à fait certain que votre thèse, même transformée, trouvera preneur chez un éditeur, mieux vaut vous abstenir. Il faut une dose exagérée de confiance en soi pour réussir à publier un livre, surtout à partir d'un thèse. Vous pouvez aussi augmenter vos chances en prenant contact avec un éditeur potentiel (un seul à la fois). Faites-le cependant de façon intelligente en évitant à la fois la fausse modestie et l'arrogance. Vous ne lui demandez pas la charité et ce n'est pas un honneur que vous lui faites. Votre lettre devrait comprendre les éléments suivants:

—l'historique de votre démarche; ce qui vous a amené à choisir ce sujet; pourquoi vous avez cru bon d'y consacrer trois ans de votre vie;

—quelques commentaires tirés des rapports de votre directeur et des examinateurs. Si votre directeur a déjà publié quelques livres, n'hésitez pas à lui demander une lettre de référence. Peut-être connaît-il l'un des membres du comité de lecture?

—la table des matières de la thèse ainsi que quelques pages tirées de l'introduction, à condition qu'il s'agisse d'une véritable introduction qui donne le ton du manuscrit;

—une proposition de table des matières révisée, avec la nouvelle pagination;

—une liste des principaux changements que vous comptez apporter. Il est indispensable que vous puissiez convaincre l'éditeur que le livre ne sera pas une version réchauffée de la thèse;

—quelques paragraphes sur l'importance et le marché potentiel de ce futur livre. N'en remettez pas trop. Au Québec, les essais et les livres «sérieux» se vendent rarement à plus de 2500 exemplaires. Oui vous avez bien lu: 2500 copies! Le plus souvent un tirage de 2000 sera considéré comme fort honorable;

—des précisions quant aux segments du marché universitaire qui pourraient être intéressés par le livre. Existe-t-il des concurrents? Le livre pourrait-il être au programme de certains cours universitaires?

—des idées quant aux appuis financiers dont pourrait bénéficier la publication de votre livre. Votre université pourrait-elle le subventionner? Un «commanditaire», les accords de coopération France-Québec, les programmes d'aide à l'édition, ce sont des sources que vous devez explorer. Par exemple, si votre thèse porte sur le syndicalisme, la chambre de commerce ou une banque, il se peut que ces organismes soient intéressés à acheter 1000 ou 2000 exemplaires de votre livre. C'est le genre de «dot» à laquelle un éditeur ne peut rester insensible;

—un échéancier précis;

—votre intention de soumettre le manuscrit à la fois sur un support papier et informatique (eh oui!).

Ne vous empêtrez pas à discuter de droits d'auteur et de contrat. Et surtout ne commencez pas à discuter à rabais pour des droits réduits. Cela fait toujours mauvaise impression.

Il est probable que si vous pouvez rédiger une telle lettre, l'éditeur se montrera intéressé et vous le fera savoir. En aucun cas vous fera-t-il une proposition ferme *avant* d'avoir lu le manuscrit. Mais ayez confiance. Si vous avez pu attirer son attention une fois, il est probable que vous réussirez une deuxième fois. Ne faites surtout pas la gaffe d'approcher plusieurs éditeurs à la fois. Allez-y un à un, jusqu'à ce que l'un d'entre eux vous signale son intérêt.

Ça y est! Un éditeur vous a signalé son intérêt pour votre thèse. Il a cependant été clair à ce sujet: il veut un livre et non une thèse réchauffée. Ce n'est pas le travail qui manque. En supposant que vous avez déjà réussi à reconstruire le texte pour tenir compte des exigences d'un livre, voici deux aspects de votre travail de réécriture auxquels vous devrez apporter une attention particulière: les «poteaux de signalisation» et les longueurs.

Une bonne thèse de doctorat ne tient pas le lecteur en haleine. Elle ne procède pas par rebondissements et imprévus. Au contraire, le candidat doit s'assurer que ses lecteurs savent où il en est à chaque instant. Pas d'improvisation ni de mystères. Il doit annoncer ses coups à l'avance, faire constamment le point, préparer la suite. Rien dans les manches, rien dans les poches.

Pour ce faire il recourt souvent à la technique des paragraphes introductifs et des annonces: «Dans ce chapitre, nous allons envisager successivement...»; à celle des résumés introductifs: «Nous avons déjà analysé...»; ou, pis encore, à celle des réassurances: «Il n'est pas dans notre intention de...»; et des évidences: «Il est bien clair que nous n'aborderons ici que...» Si c'est clair et évident, si la chose a déjà été dite ou va l'être, alors pourquoi l'annoncer, pourquoi embarrasser le lecteur de toute cette cuisine?

Le livre, le bon livre, il va sans dire, n'a pas besoin de tous ces poteaux de signalisation. Son articulation interne et son style devraient suffire à maintenir l'intérêt du lecteur. Si par malheur ce dernier acquiert la conviction que vous le prenez pour un idiot à qui on doit tout expliquer, il vous laissera tomber au moindre prétexte. Il faut donc réduire au minimum toutes ces enluminures et y aller directement.

Mais l'ennemi principal de tout livre, surtout s'il s'agit au départ d'une thèse, ce sont les longueurs. Les paragraphes qui n'en finissent pas, les phrases de deux cents mots, les répétitions, les détours, les détails, tout cela contribue à rendre excessivement longue la moindre thèse de doctorat. Et que dire des éternelles notes de bas de page et des références bibliographiques.

N'ayez crainte. Il ne s'agit pas d'éliminer toutes les notes. Elles font partie intégrante d'un livre. Il faut cependant revoir chacune d'elles et se demander si telle note, peut-être indispensable pour la thèse, l'est toujours pour un livre.

Dans le cadre d'une thèse, les notes (ou les références bibliographiques) remplissent plusieurs fonctions (convaincre votre comité que vous êtes capable d'utiliser cette technique; faire la preuve que vous avez beaucoup lu, y compris ces livres que vous n'utilisez pas dans le texte; faire plaisir à l'un ou à l'autre des membres du comité, etc.). Ces inquiétudes et ces stratégies font partie de l'univers de la thèse. Vous n'avez plus à surveiller aussi étroitement vos arrières. On vous donne maintenant le bénéfice du doute. En retour on s'attend à ce que vous réexaminiez chaque référence et citation.

Ne croyez surtout pas qu'il s'agit d'une simple volonté de réduire la longueur du manuscrit, bien que cette préoccupation ne soit pas absente dans le cas d'une thèse de 750 pages. Il s'agit plutôt d'améliorer la communication entre vous et le lecteur en réduisant au minimum les distractions.

Table des matières

Avant-propos	7
1 • Faire ou ne pas faire de thèse	11
2 • Choisir un directeur	23
3 • Choisir un sujet	33
4 • Évaluer le travail à faire	41
5 • Définir une problématique	47
6 • S'organiser mieux pour travailler moins	53
7 • À la recherche d'information	63
8 • Le travail dans la tête et sur papier	77
9 • La rédaction	87
10 • La présentation de statistiques	97
11 • Les citations et les références	105
12 • La mise en forme du manuscrit	117
13 • Les dernières exigences administratives	139
14 • Ces merveilleuses machines traitantes	149
15 • Les publications	161

Autres titres au catalogue du Boréal

Union des écrivains québécois:
 Le métier d'écrivain
Collectif
 L'état du monde 1987-1988
Sous la direction de Michel Clévenot:
 L'état des religions dans le monde
Sous la direction de Marcel Blanc:
 L'état des sciences et des techniques
Sous la direction d'Elio Comarin:
 L'état du tiers monde
Sous la direction d'Elisabeth Paquot:
 Terre des femmes

Maquette intérieure, typographie et mise en pages: MacGRAPH, Montréal.
Achevé d'imprimer en mars 1988 par les travailleurs
des Éditions Marquis, à Montmagny, Québec.